CARMEN GEISS | ROBERT GEISS

KOCHEN MIT DEN GEISSENS

CARMEN GEISS | ROBERT GEISS

DIE GEISSENS

KOCHEN MIT DEN GEISSENS

UNSERE 60 LIEBLINGSREZEPTE

riva

INHALT

73 Für Gäste

EINLEITUNG

»Oh, das sieht wieder so lecker aus bei euch! Könnt ihr nicht mal das Rezept teilen?« Solche und ähnliche Zuschriften erhalten wir eigentlich immer von unseren Fans, nachdem sie uns im Fernsehen oder auf YouTube kochen gesehen haben. Nach den Rezepten von Roberts Spaghetti all'arrabbiata oder Carmens Nudelsalat sind wir sicher schon tausendmal gefragt worden. Euer großes Interesse freut uns wahnsinnig, denn Kochen stand bei uns schon immer hoch im Kurs. Vielleicht mag es nicht jeder glauben, aber auch wir, die viel in Restaurants essen gehen und zu Hause bekocht werden, stehen nach wie vor viel selber in der Küche – und das mit Leidenschaft! Robert zum Beispiel hat das Kochen für sich entdeckt, als Carmen mit Davina schwanger war. Er wollte uns so gesund wie möglich ernähren, also hat er sich ins Thema eingelesen und einfach losgelegt. Der Spaß an der Sache kam dann ganz von alleine – und von seinem feinen Gaumen haben wir bei jedem Essen profitiert. Auch Carmen hat sich das Kochen selbst beigebracht und gerne Neues ausprobiert. Als die Kinder noch klein waren, schmiss sie sogar regelmäßig ganze Geburtstagsbuffets alleine. Die Rezepte für Kuchen, Salat und Co. wollten übrigens damals schon alle haben.

Wenn wir heute darüber nachdenken, wundern wir uns selbst darüber, dass wir nicht schon viel früher ein Kochbuch geschrieben haben. Das Interesse an unseren Rezepten war ja eigentlich schon immer da! Und die Fans unter euch, die uns schon sehr lange kennen, wissen auch, dass wir nicht nur leidenschaftlich gerne kochen, sondern auch sehr gerne Gastgeber sind. Für uns gehört das schöne Anrichten von Gerichten und das Bewirten von Gästen zum Kochen einfach dazu. All das möchten wir jetzt mit euch teilen: Dieses Kochbuch ist unser ganz persönlicher Familienschatz mit insgesamt 60 unserer absoluten Lieblingsrezepte. Darunter findet ihr Klassiker wie unsere Fleischbällchen mit Spaghetti, Carmens superzartes Lamm und Roberts Kölsche Currywurst zum entspannten Nachkochen für zu Hause.

Doch damit nicht genug. Wir möchten euch in unsere Küche entführen. Schaut uns beim Kochen über die Schulter und erfahrt mehr darüber, wie wir in der Küche so ticken, was in unserer Vorratskammer nie fehlen darf und warum Carmen ihren Loup de Mer im Schlaf kochen kann. Außerdem verraten wir euch, welche Gerichte ihr in anderen Ländern unbedingt probieren solltet und wie zum Beispiel das Menü für einen italienischen Abend mit Freunden aussehen könnte. Damit auch ihr einen perfekten Abend im Kreis eurer Lieben genießen könnt, haben wir auf der Seite 108 hilfreiche Tricks und Tipps rund ums Thema Gastgeben zusammengestellt.

Die 60 Rezepte, die ihr in unserem Kochbuch findet, haben auf sehr unterschiedlichen Wegen zu uns gefunden. Manche begleiten uns schon, seit Shania und Davina klein waren, andere haben wir von unseren zahlreichen Reisen mitgebracht. Wenn uns zum Beispiel ein Gericht in einem Restaurant umhaut, dann versuchen wir, über den Koch mehr über die Zutaten zu erfahren – das heißt, wenn Robert mit seinem sensationellen Geschmackssinn nicht sowieso schon die einzelnen Gewürze herausgeschmeckt hat! Zu Hause wird dann so lange in der Küche herumexperimentiert, bis wir mit dem Ergebnis zufrieden sind und es allen schmeckt.

Keine Frage, wir sind mit Leib und Seele Gourmets. Trotzdem scheint es viele zu überraschen, dass wir nicht täglich Champagner trinken und Hummer oder teure Kobe-Steaks essen. Ehrlich gesagt, schmeckt uns bodenständige Küche genauso gut, wenn nicht sogar besser! Das sind schließlich die Gerichte, mit denen wir aufgewachsen sind. Was gibt es auch Besseres als ein richtig gut durchgezogenes Gulasch oder Nudeln mit einer Bolognese-Sauce, die stundenlang vor sich hin köcheln durfte? Egal, ob Weißwurst mit süßem Senf und Brezeln, Kartoffelsalat, Rouladen oder Currywurst – nichts davon darf in unserer Küche fehlen. Neben all den deutschen Klassikern kommen bei uns auch viele italienische und mediterrane Gerichte auf den Tisch. An diesen Länderküchen reizt uns, dass sie so unkompliziert sind und geschmacklich auf ganzer Linie überzeugen. Vielleicht habt ihr in eurem Urlaub schon mal gesehen, wie Italiener kochen? In den meisten Fällen begnügen sie sich mit gerade mal einer Handvoll simpler Zutaten wie Tomaten, Basilikum, Knoblauch, Olivenöl und Nudeln. Trotzdem schmeckt es am Ende einfach sensationell.

Aus diesem Grund ist es uns ein wichtiges Anliegen, euch mit diesem Kochbuch zu vermitteln, dass gutes Essen kein Luxus sein muss. Wir zeigen euch, wie einfach gutes und gesundes Essen ist. Wirklich jeder kann unsere Rezepte nachkochen und fast alle Zutaten, die in unseren Gerichten vorkommen, sind total erschwinglich und in jedem Supermarkt zu finden. Neben Frühstücks- und Brunch-Rezepten erwarten euch jede Menge Familienrezepte, aber auch Gerichte und Süßspeisen, mit denen ihr bei euren Gästen punkten könnt. Habt keine Hemmungen, wenn ihr noch nie Seebarsch oder Lamm zubereitet habt: Einmal ist immer das erste Mal. Wir kennen selbst alle großen und kleinen Probleme beim Kochen. Auch bei uns ist das Essen mal versalzen, angebrannt oder steht noch nicht auf dem Tisch, während die ersten Gäste eintrudeln. Das ist alles kein Weltuntergang. Am wichtigsten ist, dass ihr mit Spaß bei der Sache seid und mit Hingabe kocht. Dann schmeckt es einfach am besten.

Wir wünschen euch viel Spaß beim Entdecken unserer Lieblingsgerichte und freuen uns, wenn das ein oder andere Gericht auch in eure Rezeptsammlung übergeht.

Ciao, eure Carmen, euer Robert, eure Davina und eure Shania

KOCHEN BEI UNS ZU HAUSE – SO TICKEN WIR

Wenn man uns in der Küche beobachtet, erkennt man gleich einen großen Unterschied bei der Vorgehensweise: Carmen ist strukturiert und versucht, die Küche so gut es geht schon während des Kochens aufzuräumen und sauber zu halten. Bei Robert dagegen wächst das Chaos Pfanne um Pfanne. Das soll nicht heißen, dass Robert nicht kochen kann. Ganz im Gegenteil! Wenn Don Roberto zu Hause kocht, ist das ein Gaumenschmaus für jeden im Haus. Aber dafür sieht es danach auch aus, als hätte ein Künstler wild vor sich hin gewerkelt. Eigentlich ist Robert sogar derjenige von uns, der am meisten für die Familie kocht.

Trotz unserer unterschiedlichen Herangehensweisen kochen wir auch sehr gerne zusammen. Dann sind wir beide die Chefs im Ring, kochen nebeneinander vor uns hin und probieren jeweils beim anderen. Manchmal kommen auch Davina und Shania zu Hilfe und unterstützen uns beim Schnippeln und Probieren. Da ergänzen wir uns alle sehr gut. Eine Eigenheit von Robert ist, dass es ihm nicht schnell genug gehen kann: Deshalb will er immer Hilfe beim Kochen haben, jemanden, der für ihn schnippelt. Ja, Robert ist so ein Koch, der einem zuruft, was er gerade braucht – da muss dann die ganze Familie ran und am Start sein! Dafür schmeckt es auch immer sensationell. Kochen kann er einfach sehr gut, der Robert.

In der Regel kochen wir abends und am Wochenende selbst. Da wir alle vier leidenschaftliche Fleischesser sind, ernähren wir uns sehr proteinreich. Ergibt auch Sinn – der Rest geht ja nur auf die Hüften. Wir passen schon auf, was wir essen.

Je nachdem, wie viel Zeit und Lust wir zum Kochen haben, stehen wir auch schon mal den halben Tag in der Küche. Das ist natürlich eher bei Braten oder ähnlich aufwendigen Gerichten der Fall oder wenn wir neue Gerichte ausprobieren. Mittlerweile folgt uns auch Davina in diese Fußstapfen: Wenn wir auf Reisen sind, dann kocht sie oft für ihre Schwester und ist dabei sehr kreativ und experimentierfreudig.

Obwohl wir gerne in der Küche stehen und uns gute Lebensmittel wichtig sind, übertreiben wir es nicht bei der Küchenausrüstung. Man kann sich unheimlich viele Küchengeräte zulegen und viel Geld dafür ausgeben. Aber wer braucht schon so etwas Absurdes wie einen Ananasschneider? Nur bei Messern gehen wir keine Kompromisse ein. Gute Messer sind wichtig für einen Koch. Und wenn man sie richtig pflegt, dann hat man lange etwas von ihnen.

Roberto Geissini

FRÜHSTÜCKS- UND BRUNCH-IDEEN

AMERICAN BREAKFAST

35 Minuten

FÜR 4 PERSONEN

Für die Pancakes:
150 g Mehl
Salz
1 TL Backpulver
½ TL Natron (nach Belieben)
2 Eier (Größe M)
2 EL Zucker
150 ml Buttermilch (max. 1 % Fett)
neutrales Pflanzenöl zum Braten
Ahornsirup zum Servieren
Marmelade zum Servieren

Außerdem:
8 Scheiben Frühstücksspeck
4 Eier (Größe M)
Salz
schwarzer Pfeffer aus der Mühle

1. Für die Pancakes Mehl, 1 Prise Salz, Backpulver und Natron in einer Schüssel vermengen.

2. Eier trennen, das Eiweiß mit etwas Salz in eine Schüssel geben und mit dem Handrührgerät steif schlagen. Zucker einrieseln lassen und ca. 1 Minute weiterschlagen. Eigelbe in einer weiteren Schüssel mit der Buttermilch verrühren. Mischung zum Mehl geben und glatt rühren. Den Eischnee vorsichtig unterheben.

3. Backofen auf 90 °C Ober-/Unterhitze (Umluft 65 °C) vorheizen.

4. Etwas Öl in einer Pfanne erhitzen. Pro Pancake 2 EL Teig in die Pfanne geben und bei mittlerer Hitze von beiden Seiten goldbraun ausbacken. Fertige Pancakes auf einem Teller stapeln und im Ofen warm halten.

5. Den Frühstücksspeck in einer beschichteten Pfanne ohne Fett bei mittlerer Hitze knusprig braten. Ebenfalls auf einen Teller legen und im Ofen warm halten.

6. Die Eier in die Pfanne aufschlagen und Spiegeleier je nach gewünschter Konsistenz ein paar Minuten stocken lassen. Mit Salz und Pfeffer würzen.

7. Pancakes und Bacon aus dem Ofen nehmen und zusammen mit den Spiegeleiern auf Tellern verteilen. Zu den Pancakes Ahornsirup und Marmelade reichen.

RÜHREI MIT SCHNITTLAUCH UND SCHINKEN

10 Minuten vorbereiten | 10 Minuten garen

FÜR 4 PERSONEN

4 Scheiben gekochter Schinken
8 Eier (Größe M)
100 ml Milch (3,5 % Fett)
Salz
schwarzer Pfeffer aus der Mühle
1 Bund Schnittlauch
1 Handvoll Kirschtomaten
Butterschmalz zum Braten

1. Schinkenscheiben aufeinanderlegen und fein würfeln.
2. Eier in eine Schüssel aufschlagen, die Milch dazugeben und mit einem Schneebesen verquirlen. Mit Salz und Pfeffer würzen.
3. Schnittlauch waschen, trocken schütteln und in feine Ringe schneiden. Kirschtomaten waschen.
4. Butterschmalz in einer Pfanne erhitzen, den Schinken dazugeben und kurz anbraten Eiermasse in die Pfanne gießen, Schnittlauch drüber streuen und bei geringer Hitze stocken lassen. Mit einem Pfannenwender die Eiermasse immer wieder vom Rand zur Mitte schieben, bis sie zu einem Rührei gestockt ist.
5. Rührei auf Tellern verteilen, mit Kirschtomaten garnieren und sofort servieren.

FRENCH TOAST

20 Minuten

FÜR 4 PERSONEN

8 Scheiben Brioche
oder Toastbrot
4 Eier (Größe M)
200 ml Milch (3,5 % Fett)
1 TL Salz
60 g Butter
100 g Zucker
2 TL gemahlener Zimt
200 g Apfelkompott
(siehe Seite 135)

1. Von den Brioche-Scheiben ggf. die Rinde entfernen. Scheiben jeweils einmal diagonal halbieren.

2. Eier, Milch und Salz in eine Schüssel geben und mit dem Schneebesen verquirlen.

3. Die Hälfte der Butter in einer Pfanne schmelzen. 8 Brioche-Dreiecke kurz vollständig in die Eiermasse tunken, in die Pfanne geben und bei mittlerer Hitze von beiden Seiten goldbraun braten. Dann aus der Pfanne nehmen. Mit der restlichen Butter und den Brioche-Stücken ebenso verfahren.

4. Zucker und Zimt in einer Schüssel vermengen und die fertigen French Toasts darin wenden. Sofort mit Apfelkompott servieren.

EIN TYPISCHER TAG BEI DEN GEISSENS – SO ESSEN WIR

FRÜHSTÜCK

Wir wollen ganz ehrlich sein: Eigentlich frühstücken wir eher selten. Früher war das mal anders, da gab es gerne Rührei mit Schnittlauch und ähnlichen Zauber, aber heutzutage sparen wir uns lieber die Kalorien und essen dafür mittags und abends. Konfitüren, Honig etcetera sucht man deshalb vergeblich bei uns, es stehen höchstens mal ein Glas Nutella und Carmens selbst gekochte Marmelade für die Kinder im Schrank. Wenn dann doch mal zusammen gefrühstückt wird, mag Shania gerne ein Croissant, Davina ihr Nutellabrot, und es gibt Orangensaft. Carmen trinkt ihren Pfefferminztee mit Honig, einen Ingwer-Shot oder wir genehmigen uns beide einen Espresso und ein Glas Sprudelwasser.

MITTAGESSEN

Für uns ist, je nach Saison, zwischen 13 und 14 Uhr Zeit zum Mittagessen. Wenn die Kinder keine Schule haben, schließen sie sich auch gerne an. Gegessen wird fast immer auswärts.

ABENDESSEN

So gut es geht, versuchen wir, abends alle gemeinsam zu essen. Meistens geschieht das bei uns zu Hause, dann wird auch gerne zusammen gekocht, und unsere Klassiker wie Spaghetti all'arrabbiata oder Chicken Curry kommen auf den Tisch. Wenn wir verreist sind oder Lust auf spezielle Länderküche haben, gehen wir auch gerne auswärts essen. Doch die meiste Zeit essen wir zu Hause, wie jeder andere auch.

Für Dich

APFEL-KIWI-KONFITÜRE

25 Minuten vorbereiten und garen | 1–2 Stunden abkühlen

FÜR 3 GLÄSER (À CA. 500 ML)

580 g Kiwis
400 g Äpfel
20 ml Zitronensaft
500 g Gelierzucker 2 : 1

Außerdem:
3 Schraubgläser (à ca. 500 ml)

1. Kiwis schälen und in grobe Stücke schneiden. Äpfel waschen, abtrocknen, vierteln und das Kerngehäuse entfernen. Apfelviertel in Stücke schneiden. Früchte mit dem Zitronensaft und dem Gelierzucker in einen Topf geben und zum Kochen bringen. Die Temperatur auf mittlere Hitze reduzieren und Obst ca. 10 Minuten köcheln lassen.

2. Topf vom Herd nehmen und Obst mit dem Stabmixer zur gewünschten Konsistenz pürieren. Eine Gelierprobe (siehe Tipp unten) machen. Anschließend die Konfitüre sofort in heiß ausgespülte und sterilisierte Schraubgläser füllen. Die Gläser verschließen, 5 Minuten auf den Kopf stellen, dann umdrehen und abkühlen lassen.

TIPP ZUR GELIERPROBE

Einfach 1 Teelöffel Konfitüre auf einem kalten Teller abkühlen lassen. Dickt die Masse nach 1–2 Minuten ein, hat die Konfitüre die richtige Beschaffenheit. Sollte die Konfitüre nicht gelieren, kocht ihr die Masse noch mal mit etwas mehr Zitronensaft auf.

KONFITÜRE OHNE GELIERZUCKER

25 Minuten vorbereiten und garen | 1–2 Stunden abkühlen

FÜR 2–3 GLÄSER (À CA. 500 ML)

500 g reifes Obst nach Wahl
30 ml Zitronensaft
500 g Zucker

1. Das Obst waschen, ggf. schälen, entkernen und in Stücke schneiden. Zusammen mit dem Zitronensaft und dem Zucker in einen Topf geben und zum Kochen bringen. Die Temperatur auf mittlere Hitze reduzieren und Obst ca. 10 Minuten köcheln lassen.

2. Topf vom Herd nehmen und Obst mit einem Stabmixer zur gewünschten Konsistenz pürieren. Eine Gelierprobe machen (siehe Tipp Seite 23). Anschließend die Konfitüre sofort in heiß ausgespülte und sterilisierte Schraubgläser füllen. Die Gläser verschließen, 10 Minuten auf den Kopf stellen, umdrehen und abkühlen lassen.

TIPP

Durch den hohen Zuckergehalt hält sich die Konfitüre mehrere Monate. Geöffnete Gläser solltet ihr innerhalb von 4 Wochen aufbrauchen. Möchtet ihr eine Erdbeerkonfitüre mit diesem Rezept machen, ersetzt ihr am besten einen Teil der Erdbeeren durch einen Apfel (ca. 150 g). Das Pektin im Apfel sorgt für ein schnelleres Gelieren der Konfitüre.

GINGER DRINK

5 Minuten vorbereiten | 20 Minuten garen | 60 Minuten ziehen lassen

FÜR 800 ML

1 großes Stück Ingwer
1 l Wasser
1 EL flüssiger Honig

1. Ingwer schälen und in Scheiben schneiden. Wasser in einem Topf aufkochen, den Ingwer dazugeben und 20 Minuten bei geringer Hitze köcheln lassen. Anschließend den Honig einrühren.

2. Topf vom Herd nehmen und Mischung 1 Stunde ziehen lassen.

3. Flüssigkeit durch ein Sieb abgießen, in eine Flasche füllen und im Kühlschrank aufbewahren.

ERDBEER-MILCHSHAKE

15 Minuten

FÜR 4 PERSONEN

300 g Erdbeeren
1 Stängel Minze
300 g Vanilleeis
4 Eiswürfel
370 ml Milch (3,5 % Fett)

1. Erdbeeren vorsichtig waschen, abtrocknen, vom Grün befreien und vierteln. Minze waschen, trocken schütteln und die Blätter abzupfen.
2. Die Erdbeeren zusammen mit dem Vanilleeis, den Eiswürfeln und Milch in einen Hochleistungsmixer füllen und so lange pürieren, bis eine sahnige Konsistenz entstanden ist.
3. Milchshake auf 4 Gläser verteilen, mit Minze garnieren und sofort servieren.

TELL ME

FAMILIENGERICHTE – DAS SCHMECKT ALLEN

HÄHNCHENBOLOGNESE BIANCO

20 Minuten vorbereiten | 25 Minuten garen

FÜR 4 PERSONEN

4 Hähnchenbrustfilets
1 mittelgroße Zwiebel
1–2 Knoblauchzehen
1–2 Frühlingszwiebeln
1 kleine Peperoncini
3–4 Stängel Koriander
1 Handvoll Kirschtomaten
2 EL Olivenöl
150 ml Hühnerbrühe
1–2 TL indische Gewürzmischung (oder 2 verschiedene Curry-Pulver)
1 Becher Crème fraîche (30 % Fett)
400 g Nudeln (z. B. Penne oder Linguine)
Meersalz
schwarzer Pfeffer aus der Mühle

1. Hähnchenbrustfilets beim Metzger durch den Fleischwolf drehen lassen oder selbst zu Hackfleisch verarbeiten.

2. Zwiebel und Knoblauch schälen und klein schneiden. Frühlingszwiebeln und Peperoncini waschen und putzen. Frühlingszwiebeln in feine Ringe schneiden, Peperoncini entkernen und fein würfeln. Koriander waschen, trocken schütteln, Blätter abzupfen und hacken. Kirschtomaten waschen und halbieren.

3. Olivenöl in einem Bräter erhitzen und Zwiebeln und Knoblauch darin braten, bis die Zwiebeln glasig werden. Hähnchenfleisch dazugeben und unter Wenden rundum anbraten. Die Frühlingszwiebeln kurz mitbraten, dann alles mit etwas Brühe ablöschen.

4. Gewürzmischung, Peperoncini und Crème fraîche einrühren. Sauce bei niedriger Hitze etwas einkochen lassen.

5. Inzwischen die Nudeln nach Packungsanweisung in einem Topf mit kochendem Salzwasser al dente garen.

6. Bei Bedarf noch etwas Brühe in die Sauce rühren, bis die Bolognese die gewünschte Konsistenz erreicht hat. Tomaten und Koriander dazugeben und alles mit Salz und Pfeffer abschmecken.

7. Die Nudeln in ein Sieb abgießen und abtropfen lassen. Dann zusammen mit der Bolognese servieren.

KALBSGULASCH

15 Minuten vorbereiten | 90 Minuten garen

FÜR 4 PERSONEN

2 Zwiebeln
1 kg Kalbfleisch
4 EL Olivenöl
2 grüne Spitzpaprika
Meersalz
schwarzer Pfeffer aus der Mühle
2 EL edelsüßes Paprikapulver
2 EL Tomatenmark
150 ml Rotwein
750 ml Hühnerbrühe oder Bouillon zum Angießen
1 Becher Crème fraîche (30 % Fett)
2–3 EL dunkler Saucenbinder (optional)

1. Die Zwiebeln schälen und fein würfeln. Das Kalbfleisch in ca. 4 cm große Würfel schneiden. Spitzpaprika waschen, putzen und in dünne Streifen schneiden.

2. Olivenöl in einem Bräter erhitzen und die Zwiebeln darin glasig andünsten. Das Kalbfleisch dazugeben und rundherum scharf anbraten. Spitzpaprika ebenfalls dazugeben und kurz mitbraten.

3. Mit Meersalz, Pfeffer und Paprikapulver würzen. Tomatenmark dazugeben und unter Rühren kurz mitrösten. Anschließend mit Rotwein ablöschen und mit Hühnerbrühe aufgießen. Das Fleisch sollte komplett mit Brühe bedeckt sein. Einen Deckel aufsetzen und das Fleisch bei geringer Hitze ca. 70 Minuten köcheln lassen, bis das Fleisch schön zart ist. Zwischendurch ggf. etwas Brühe nachgießen.

4. Ca. 5 Minuten vor Ende der Garzeit Crème fraîche einrühren und etwas einkochen lassen. Ist die Sauce noch zu dünnflüssig, den Saucenbinder klumpenfrei einrühren und die Sauce noch mal aufkochen lassen. Gulasch mit Salz und Pfeffer abschmecken und servieren.

CARMENS NUDELSALAT – DER BURNER!

40 Minuten vorbereiten | 8 Stunden ziehen lassen

FÜR 6 PERSONEN

Für den Salat:
500 g kurze Nudeln (z. B. Fusilli)
6 Eier (Größe M)
250 g kleine Tomaten
1 Dose Mais (à 140 g)
1 Dose Erbsen (à 212 g)
1 Glas Silberzwiebeln (à 110 g) + Zwiebelsud
5 Cornichons (aus dem Glas) + Gurkenwasser
½ Kranz Fleischwurst
3 Frühlingszwiebeln

Für das Dressing:
3 sehr frische Eier
3 EL weißer Balsamico-Essig
7 EL Olivenöl
100–150 ml Mayonnaise
Salz
schwarzer Pfeffer aus der Mühle
1 Spritzer Zitronensaft

1. Nudeln nach Packungsanweisung in einem Topf mit kochendem Salzwasser al dente garen. Währenddessen in einem zweiten Topf mit kochendem Wasser die Eier in 10–12 Minuten hart kochen. Anschließend herausnehmen, mit kaltem Wasser abschrecken, pellen und klein schneiden. Nudeln in ein Sieb abgießen, aber nicht abschrecken.

2. Tomaten waschen, halbieren oder vierteln. Mais, Erbsen und Silberzwiebeln in einem Sieb abtropfen lassen, dabei etwas vom Sud der Silberzwiebeln auffangen. Cornichons klein schneiden und etwas Gurkenwasser auffangen. Fleischwurst klein würfeln. Frühlingszwiebeln waschen, putzen und in feine Ringe schneiden. Die vorbereiteten Zutaten in einer großen Schüssel vermengen.

3. Für das Dressing die Eier in einer Schüssel mit einem Schneebesen aufschlagen. Balsamico-Essig, Olivenöl, etwas Gurkenwasser und Silberzwiebel-Sud dazugeben und gut verrühren. Nach und nach die Mayonnaise einrühren, bis eine gute Konsistenz erreicht ist. Mit Salz, Pfeffer und Zitronensaft abschmecken, ggf. noch etwas mehr Gurkenwasser und Silberzwiebel-Sud zufügen.

4. Salat gut mit dem Dressing vermengen und abgedeckt – am besten über Nacht – im Kühlschrank ziehen lassen.

5. Vor dem Servieren noch mal kurz vermengen und ggf. etwas nachwürzen.

TIPP

Sollte jemand keine frischen Eier in der Sauce mögen, dann einfach etwas mehr Mayonnaise mit den anderen Zutaten des Dressings verrühren.

BRATHÄHNCHEN MIT PFIFF

30 Minuten vorbereiten | 60–80 Minuten garen

FÜR 4 PERSONEN

1 Brathähnchen, küchenfertig
6 EL Olivenöl
1 EL edelsüßes Paprikapulver
Salz
schwarzer Pfeffer aus der Mühle
1 großer Apfel
1 Peperoncini
3 mittelgroße Zwiebeln
2 Paprikaschoten
3 Tomaten

1. Brathähnchen von überschüssigem Fett befreien und mit Küchenpapier trocken tupfen. 3 EL Olivenöl in einer kleinen Schüssel mit Paprikapulver verrühren und das Hähnchen damit einstreichen. Anschließend kräftig mit Salz und Pfeffer würzen, die Bauchhöhle ebenfalls mit etwas Salz und Pfeffer würzen.

2. Backofen auf 220 °C Ober-/Unterhitze (Umluft 200 °C) vorheizen.

3. Den Apfel und die Peperoncini waschen, entkernen, würfeln bzw. klein schneiden und in eine Schüssel geben. 1 Zwiebel schälen, würfeln und mit Apfel und Peperoncini vermischen. Das Gemüse in die Bauchhöhle des Hähnchens füllen. Die Öffnung ggf. mit einer Rouladennadel oder Zahnstochern verschließen. Flügel hinter dem Rücken falten und die Keulen mit Küchengarn zusammenbinden.

4. Brathähnchen mit der Brustseite nach oben in eine Auflaufform oder auf ein tiefes Backblech legen und im Ofen in ca. 60 Minuten schön braun braten. Inzwischen die restlichen Zwiebeln schälen und achteln. Paprika und Tomaten waschen, Paprika entkernen und klein schneiden. Tomaten vom Strunk befreien und klein würfeln.

5. Nach 45 Minuten das Hähnchen wenden und die Backofentemperatur auf 200 °C reduzieren. Das vorbereitete Gemüse rund um das Hähnchen verteilen, mit dem restlichen Olivenöl beträufeln und mitgaren, ggf. etwas Wasser angießen.

6. Brathähnchen aus dem Ofen nehmen und mit dem Ofengemüse servieren.

TIPP

Dazu passen Weißbrot oder kleine mitgegarte Ofenkartoffeln.

ROBERTS SPAGHETTI ALL'ARRABBIATA

25 Minuten vorbereiten | 10 Minuten garen

FÜR 4 PERSONEN

500 g Kirschtomaten
2 Knoblauchzehen
1–2 Peperoncini
4 Stängel Basilikum
2 Frühlingszwiebeln
500 g Spaghetti
10 ml Olivenöl
1 TL edelsüßes Paprikapulver
½ EL Chiliflocken
1 Dose Tomaten (à 250 ml)
100 ml Gemüsebrühe
Salz
schwarzer Pfeffer aus der Mühle
1 TL getrockneter Oregano
etwas geriebener Parmesan (nach Belieben)

1. Tomaten waschen, vom Strunk befreien und vierteln. Knoblauch schälen und fein hacken. Peperoncini waschen, putzen, entkernen und in feine Ringe schneiden. Den Basilikum waschen, trocken schütteln, die Blätter abzupfen und beiseite legen. Die Frühlingszwiebeln waschen, putzen und in feine Ringe schneiden.

2. Nudeln nach Packungsanweisung in einem Topf mit kochendem Salzwasser al dente garen. Inzwischen das Olivenöl in einer Pfanne erhitzen und die Frühlingszwiebeln und die Peperoncini darin anbraten. Knoblauch, Paprikapulver und Chiliflocken dazugeben und kurz mitbraten. Tomaten und Dosentomaten zufügen und etwas einkochen lassen. Mit Brühe ablöschen und mit Salz, Pfeffer und Oregano würzen. Dosentomaten hinzufügen und ca. 5 Minuten köcheln lassen. Die Pfanne vom Herd nehmen und ggf. etwas nachwürzen.

3. Nudeln in ein Sieb abgießen und abtropfen lassen, mit der Sauce vermengen und nach Belieben mit Parmesan servieren.

TIPP

Verwendet Roberts Arrabbiata-Gewürz von myKraut für eine schnelle Zubereitung. Röstet 1 EL pro Portion in Olivenöl an, gebt die im Rezept angegebene Menge Tomaten dazu und lasst es mit etwas Butter leicht durchkochen. Zum Schluss schmeckt ihr die Sauce mit Salz ab.

UNSERE VORRATSKAMMER – DIESE LEBENSMITTEL HABEN WIR IMMER ZU HAUSE

Wahrscheinlich würde euch der Blick in unsere Vorratskammer viel mehr über unser Familienleben verraten als eine Inspektion unserer Kleiderschränke. Bei einem Rundgang durch unsere Küche wird schnell klar, dass wir uns gerne gesund und proteinreich ernähren, Wert auf gute Qualität legen – egal, ob bei Lebensmitteln, Kleidung oder unserer Wohneinrichtung – und dass wir echte Genießer sind, die das Leben gerne zelebrieren. Bei all den vielen italienischen Lebensmitteln in unserer Vorratskammer würde euch sofort unsere Liebe für den mediterranen Lifestyle ins Auge stechen. Und unser umfangreicher Weinkeller verrät, dass wir viel auf Reisen sind und gerne Freunde und Familie bewirten.

Natürlich hat auch jedes Familienmitglied seine Eigenarten in der Küche. Robert zum Beispiel hat eine persönliche Schwäche für gute amerikanische Steaks: ein Stück Black-Angus-Rind sollte immer im Haus sein. Sein Lieblings-Cut-Art ist dabei das New York Strip, das aus dem Roastbeef geschnitten wird. Außerdem ist unsere Familie – und Robert ganz besonders – verrückt nach roten Peperoncini. Die kommen eigentlich fast überall rein, besonders in Saucen, Füllungen oder klein geschnitten mit geriebenem Parmesan vermengt. Wenn es für Robert noch nicht scharf genug ist, hat Shania oft schon genug davon. Zum Glück finden wir da immer einen guten Kompromiss, dass es am Ende allen schmeckt.

Carmen ist dagegen gar kein Liebhaber von Käse. Robert liebt seinen Parmesan dafür umso mehr, weshalb auch immer ein großes Stück im Kühlschrank liegt. Das mit dem Parmesan ist bei uns wirklich so eine Sache. Wenn wir italienisch essen gehen und Nudelgerichte bestellen, könnte Carmen regelmäßig aus der Hose springen: In vielen Restaurants wird einfach automatisch Parmesan auf die Nudeln gerieben – so als wäre es das Normalste der Welt, dass jeder Mensch Parmesan mag. Oft steht es nicht mal ausdrücklich auf der Speisekarte. Wenn die Nudeln serviert werden, muss Carmen das Gericht dann leider zurückgeben, während Robert im gleichen Atemzug eine Extraportion Parmesan bestellt. Carmen findet das immer oberpeinlich, aber was soll man machen, wenn die Geschmäcker so unterschiedlich sind?

Neben Parmesan gehören auch italienischer Büffelmozzarella, Geflügel, Tomaten, Paprika, Salat, Gurken, Zwiebeln, Knoblauch, frische Kräuter wie Basilikum und Petersilie, Olivenöl sowie Balsamico-Essig zu unserer Grundausstattung. Wenn wir asiatisch kochen, kommen noch frischer Ingwer, Koriander und Zitronengras dazu. Nudeln und Reis sind stets in großen Mengen verfügbar, auch Kartoffeln, Süßkartoffeln und Maniok kommen ab und zu auf den Tisch. Aus diesem Grundstock lässt sich schon ziemlich abwechslungsreich kochen.

Roberto Geissini

Vielleicht seid ihr jetzt überrascht, wie »normal« unser Vorratsschrank ist. Eigentlich unterscheidet er sich nicht stark von dem anderer Familien. Doch was uns besonders am Herzen liegt, sind gute Produkte. Viele unterschätzen zum Beispiel, wie wichtig ein qualitativ hochwertiges Olivenöl und ein guter Balsamico-Essig beim Kochen sind. Richtig gutes, kaltgepresstes (also natives) Olivenöl hat ein tolles Aroma und macht schon aus ein paar Tomaten und Gurkenscheiben einen sensationellen Salat. Da braucht man nicht viel Schnickschnack drumherum! Auch zum Anbraten könnt ihr Olivenöl verwenden. Zwar wird gerne behauptet, dass man lieber auf Raps- oder Sonnenblumenöl umschwenken soll, aber tatsächlich kann man raffiniertes Olivenöl prima zum Anbraten oder gar Frittieren verwenden. Ihr erkennt gutes Olivenöl übrigens daran, dass es bitter oder grasig schmeckt. Wenn es leicht scharf im Abgang ist, spricht das ebenfalls für gute Qualität. Beim Balsamico-Essig ist es ganz ähnlich: Die Qualität lässt sich herausschmecken. Ein guter Aceto balsamico wird aus Traubenmost gemacht und nicht aus herkömmlichem Weinessig. Daher kommt seine fruchtig-säuerliche Note. Achtet darauf, dass keine Farbstoffe im Balsamico verwendet werden. Gute Qualität hat das nicht nötig.

Auch beim Fleisch sind wir Gourmets und setzen nur auf beste Ware vom Metzger unseres Vertrauens. Natürlich hat das seinen Preis, und nicht jeder kann sich das immer leisten, aber vielleicht muss man auch nicht jeden Tag Steak essen? Wenn bei uns Fleisch auf den Tisch kommt, versuchen wir, alles davon zu verwenden – dadurch kann man wiederum an anderer Stelle Geld sparen: Zum Beispiel schneiden wir das Fett vom Fleisch weg und machen Bratfett daraus oder verfüttern es an die Hunde. So geht nichts verloren.

CHICKEN CURRY

30 Minuten vorbereiten | 15 Minuten garen

FÜR 4 PERSONEN

4 Stängel Koriander
4 Stängel glatte Petersilie
1 Stange Zitronengras
250 g Zuckerschoten
½ Chinakohl
1 Stück Ingwer (ca. 5 g)
3 Tomaten
3 Frühlingszwiebeln
4 Hähnchenbrustfilets (à 125 g)
2 EL Olivenöl
2–3 EL Sojasauce
2 Dosen Kokosmilch (à 400 ml)
je 1 EL zweier verschiedener Currypulver
½ TL gemahlene Kurkuma
1 Handvoll frische Sojasprossen
2–3 EL Kokosraspel (nach Belieben)

1. Kräuter waschen, trocken schütteln, die Blätter abzupfen und hacken. Zitronengras waschen und das untere Ende dünn abschneiden, ggf. die harten Außenblätter entfernen. Den unteren hellen Teil vom Zitronengras in feine Scheiben schneiden, den Rest entsorgen. Zuckerschoten waschen und nach Belieben in mundgerechte Stücke schneiden. Chinakohl waschen, trocken schütteln, den Strunk entfernen und die Blätter in feine Streifen schneiden.

2. Ingwer schälen und fein reiben. Tomaten und Frühlingszwiebeln waschen. Die Tomaten vom Strunk befreien und vierteln. Die Frühlingszwiebeln putzen und in Ringe schneiden.

3. Hähnchenbrustfilets mit Küchenpapier trocken tupfen und in ca. 4 cm große Stücke schneiden. Öl in einem Topf erhitzen und das Fleisch darin unter Wenden 4–5 Minuten anbraten. Tomaten, Frühlingszwiebeln, Ingwer und Zitronengras dazugeben und ca. 5 Minuten weitergaren. Mit Sojasauce ablöschen. Je 1 Handvoll Kräuter und Zuckerschoten zufügen und kurz mitbraten. Chinakohl gut untermischen.

4. Die Kokosmilch einrühren und mit Currypulver und Kurkuma würzen. Die Sojasprossen waschen, abtropfen lassen und in das Curry rühren. Topf vom Herd nehmen und Curry nach Belieben mit Kokosraspeln, restlichen Kräutern und Zuckerschoten garniert servieren.

TIPP

Das Chicken-Curry schmeckt auch sagenhaft, wenn ihr ihm noch etwas fruchtige Süße verleiht. Wir nehmen dafür am liebsten Ananas aus der Dose mit etwas Saft. Einfach kurz vor dem Servieren dazugeben und erhitzen.

SCHNELLE SPAGHETTI MIT TOMATE UND MOZZARELLA

10 Minuten vorbereiten | 10 Minuten garen

FÜR 4 PERSONEN

500 g Spaghetti
2 EL Olivenöl + etwas mehr für das Nudelwasser
5 große, reife Tomaten
2 Kugeln Büffelmozzarella
½ Bund Basilikum
Salz
schwarzer Pfeffer aus der Mühle

1. Nudeln nach Packungsanweisung in einem Topf mit kochendem Salzwasser und einem Schuss Olivenöl al dente garen.
2. Inzwischen Tomaten waschen, vom Strunk befreien und vierteln. Mozzarella abtropfen lassen und in Scheiben schneiden. Basilikum waschen, trocken schütteln und die Blätter abzupfen.
3. Öl in einer Pfanne erhitzen, die Tomaten dazugeben und unter Rühren garen. Mozzarella zufügen und mit Salz und Pfeffer würzen.
4. Die Nudeln in ein Sieb abgießen, abtropfen lassen und wieder in den Topf schütten.
5. Basilikum zu den Tomaten geben, kurz umrühren und die Sauce über die Spaghetti gießen. Alles gut vermengen und sofort servieren.

REISSALAT MIT HÄHNCHENSTREIFEN

30 Minuten vorbereiten | 5 Minuten garen

FÜR 4 PERSONEN

250 g Reis
2 rote Paprikaschoten
3 Tomaten
2 Hähnchenbrustfilets (à 125 g)
3 EL Olivenöl + etwas zum Anbraten
1 TL Dijonsenf
Weißweinessig (nach Belieben)
Salz
schwarzer Pfeffer aus der Mühle

1. Reis nach Packungsanweisung in einem Topf mit kochendem Salzwasser bissfest garen. Inzwischen Paprika und Tomaten waschen, mit einem Messer kreuzförmig einritzen und in einer Schüssel mit kochendem Wasser übergießen. Anschließend in kaltem Wasser abschrecken und die Haut mithilfe eines Messers abziehen. Tomaten vom Strunk befreien und in Scheiben schneiden. Paprika entkernen und in Streifen schneiden.

2. Reis in ein Sieb abgießen, abtropfen lassen und mit Paprika und Tomaten in einer Schüssel vermengen.

3. Die Hähnchenbrustfilets mit Küchenpapier trocken tupfen und in Streifen schneiden. Etwas Öl in einer Pfanne erhitzen und das Fleisch darin in 3–4 Minuten gar braten. Fleisch mit dem Salat vermengen.

4. Für das Dressing 3 EL Olivenöl, Dijonsenf und ggf. Essig in einer Schüssel verrühren. Mit Salz und Pfeffer würzen. Salat mit dem Dressing vermengen und sofort servieren.

SPRINGBOCK-ANTILOPEN-BOLO »DON ROBERTO«

30 Minuten vorbereiten | 50 Minuten garen

FÜR 4 PERSONEN

2 Zwiebeln
2 Knoblauchzehen
1 Möhre
1 Peperoncino
2 Stängel glatte Petersilie
1 Zweig Rosmarin
1 Zweig Thymian
2 EL Olivenöl
250 g Antilopenhackfleisch (siehe Tipp)
150 g Springbockhackfleisch (siehe Tipp)
400 g passierte Tomaten (aus der Dose)
2 EL trockener Rotwein
2 EL getrockneter Oregano
500 g Spaghetti
2 EL Tomatenmark
50 g Butter
Salz
schwarzer Pfeffer aus der Mühle

1. Zwiebeln und Knoblauch schälen und fein würfeln. Möhre putzen, schälen und in kleine Würfel schneiden. Peperoncino waschen, entkernen und ebenfalls fein würfeln. Kräuter waschen, trocken schütteln, Blätter bzw. Nadeln abzupfen und hacken.

2. Olivenöl in einer großen Pfanne erhitzen und Zwiebeln und Knoblauch darin kurz anschwitzen, bis die Zwiebeln glasig werden. Peperoncino und Möhre dazugeben und kurz mitbraten. Beiderlei Hackfleisch einrühren und unter Wenden rundherum scharf anbraten. Mit den passierten Tomaten ablöschen. Rotwein, Kräuter und Oregano einrühren. Einen Deckel auflegen und Sauce bei geringer Hitze 40–50 Minuten einkochen lassen, ggf. etwas Wasser angießen.

3. Kurz vor Ende der Garzeit die Nudeln nach Packungsanweisung in einem Topf mit kochendem Salzwasser al dente garen. Dann in ein Sieb abgießen und abtropfen lassen.

4. Tomatenmark und Butter in die Sauce einrühren und diese mit Salz und Pfeffer abschmecken.

5. Spaghetti mit der Sauce auf Tellern anrichten, mit etwas Petersilie garnieren und sofort servieren.

TIPP

Antilopen- und Springbockfleisch ist sicher nicht so leicht zu bekommen, natürlich könnt ihr für dieses Rezept auch 400 g gemischtes Hackfleisch verwenden.

JETSET-ESSEN: DAS MÜSST IHR PROBIEREN!

Wer so viel um die Welt reist wie wir, der kommt nicht umhin, neue Gerichte auszuprobieren. Wir gehen sehr gerne essen und haben viele tolle Lebensmittel und Zubereitungsarten kennengelernt. Auf der Karte findet ihr einige unserer Reise-Highlights, die ihr unbedingt probieren müsst, wenn ihr mal im jeweiligen Land unterwegs seid!

HIER DARF GESCHLEMMT WERDEN:

USA – Steaks!
In Amerika gehen wir sehr oft in Steak-Häuser, weil die einfach die geilsten Steaks haben.

Österreich – Kaiserschmarrn, Wiener Schnitzel, Frittatensuppe, Schweine- und Kalbsbraten, Apfelstrudel
Schweiz – Zürcher Geschnetzeltes
Italien – Bruschetta, Spaghetti Carbonara, Spaghetti all'arrabbiata, Pizza, italienischer Trüffel, Langusten
Mittelmeerraum allgemein – Aioli
Spanien – Paella, Gambas al ajillo, Pimientos de Padron
Griechenland – Grillfleisch, Fisch im Allgemeinen, Choriatiki (= griechischer Salat)
Bosnien-Herzegowina – Balkanplatte mit verschiedenem Grillfleisch, Ajvar und Djuvec-Reis

Russland – Bœuf Stroganoff
China – kantonesischer Reis
Afrika – Biltong (südafrikanisches Trockenfleisch), Antilopen-, Springbock- und Krokodilfleisch
Thailand – Green Chicken Thai Curry Wir mögen thailändisches Essen unheimlich gerne, weil wir selbst viel scharf kochen und alle bis auf Shania scharfes Essen lieben.

Die würzigen Burner
zum Buch.
mykraut
DIE GEISSENS
Carmens Salat Burner
GEWÜRZMISCHUNG FÜR SALATE
mykraut
DIE GEISSENS
Roberts Arrabiata
GEWÜRZMISCHUNG FÜR PASTA ALL'ARRABIATA
mykraut
DIE GEISSENS
Steak Jewöörz
GEWÜRZZUBEREITUNG FÜR STEAK
DIE GEISSENS
mykraut
x
DIE GEISSENS

CAESAR SALAD NACH AFRIKANISCHER ART

25 Minuten vorbereiten | 10 Minuten garen

FÜR 4 PERSONEN

4 Römersalatherzen
100 g Parmesan am Stück
1 Peperoncino
Saft von 1 Zitrone
1 TL grobkörniger Senf
4 EL Olivenöl
1 EL Mayonnaise
Salz
schwarzer Pfeffer
aus der Mühle
600 g Krokodilfilet
(siehe Tipp)
1 TL edelsüßes Paprikapulver

1. Die Salatblätter vom Strunk trennen, in Streifen schneiden, waschen und in einem Sieb abtropfen lassen. ⅔ des Parmesans fein reiben, den Rest in Scheiben hobeln. Peperoncino waschen, entkernen und in feine Streifen schneiden.
2. Für das Dressing Zitronensaft, Senf und 2 EL Olivenöl in ein hohes Gefäß geben schaumig rühren. Geriebenen Parmesan und Mayonnaise hinzufügen und glatt rühren. Mit Salz und Pfeffer abschmecken.
3. Das Krokodilfilet in feine Streifen schneiden und mit dem restlichen Olivenöl in einer heißen Pfanne rundherum scharf anbraten. Peperoncino dazugeben und kurz mitbraten. Fleisch mit Paprikapulver, Salz und Pfeffer würzen.
4. Die Salatblätter auf Tellern anrichten, das Dressing darüberträufeln und mit Krokodilfilet und Parmesanhobeln garnieren.

TIPP

Dieser Salat gelingt natürlich auch mit klassischem Hähnchenfleisch – einfach das Krokodilfleisch dadurch ersetzen.

GEFÜLLTE HÄHNCHENBRUST MIT SPINAT, MOZZARELLA UND TOMATEN

35 Minuten vorbereiten | 30 Minuten garen

FÜR 4 PERSONEN

100 g frischer Spinat
1 Kugel Büffelmozzarella
1 TL getrocknete italienische Kräuter
8 getrocknete Tomaten, in Öl (aus dem Glas)
4 Hähnchenbrustfilets (à 175 g)
Salz
schwarzer Pfeffer aus der Mühle
2 EL Olivenöl

1. Spinat waschen und verlesen. In einem Topf mit kochendem Wasser 1–2 Minuten blanchieren, mit einer Schaumkelle herausheben und kurz in Eiswasser legen. Anschließend in einem Sieb abtropfen lassen.

2. Inzwischen den Mozzarella in Scheiben schneiden und mit den italienischen Kräutern würzen. Tomaten kurz in einem Sieb abtropfen lassen.

3. Den Backofen auf 200 °C Ober-/Unterhitze (Umluft 180 °C) vorheizen.

4. Hähnchenfleisch mit Küchenpapier trocken tupfen und jeweils der Länge nach eine Tasche einschneiden. Fleisch innen und außen mit Salz und Pfeffer würzen. Die Taschen jeweils mit Spinat, Tomaten und Mozzarella füllen, dann mit Zahnstochern gut verschließen.

5. Olivenöl in einer Pfanne erhitzen und die Hähnchenbrustfilets darin bei mittlerer Hitze rundherum scharf anbraten. Anschließend in eine ofenfeste Auflaufform legen und ca. 30 Minuten im Ofen braten, bis das Fleisch gar ist.

6. Fleisch aus dem Ofen nehmen und sofort mit Beilagen servieren.

TIPP

Ihr könnt euer Gyros-Gewürz auch einfach selbst machen.
Wir mischen dafür je 1 EL getrockneten Thymian, getrockneten Rosmarin, edelsüßes Paprikapulver, getrockneten Oregano, Knoblauchpulver, Salz und schwarzen Pfeffer sowie ½ TL Chilipulver.

GYROS-AUFLAUF MIT METAXASAUCE

60 Minuten ziehen lassen | 20 Minuten vorbereiten | 45–50 Minuten garen

FÜR 4 PERSONEN

500 g Putenbrust
3 EL Gyros-Gewürz (siehe Tipp)
8 EL Olivenöl
1 Zwiebel
1 rote Paprikaschote
200 g Champignons
2 EL Tomatenmark
50–80 ml Metaxa
300 ml Hühner- oder Rinderbrühe
100 g Sahne (30 % Fett)
1 Becher Crème fraîche (30 % Fett)
Salz
schwarzer Pfeffer aus der Mühle
etwas Cayennepfeffer
½ EL getrockneter Oregano
200 g geriebener Gouda

1. Fleisch mit Küchenpapier trocken tupfen und quer zur Faser in 1 cm dicke Streifen schneiden. Gyros-Gewürz in einer Schüssel mit 6 EL Öl mischen und das Fleisch gut damit überziehen. Abgedeckt mindestens 1 Stunde im Kühlschrank ziehen lassen.

2. Inzwischen die Zwiebel schälen und fein würfeln. Paprika waschen, putzen und in kleine Würfel schneiden. Champignons mit Küchenpapier säubern, putzen und in Scheiben schneiden.

3. Etwas Öl in einer großen Pfanne erhitzen und die fertig marinierten Putenbruststreifen darin rundherum scharf anbraten. Aus der Pfanne nehmen und in eine ofenfeste Auflaufform geben.

4. In derselben Pfanne das restliche Öl erhitzen und die Zwiebel darin glasig anschwitzen. Paprikawürfel dazugeben und kurz mitbraten. Dann die Champignons untermischen und weitere 2–4 Minuten mitgaren. Tomatenmark einrühren, kurz anrösten, dann mit Metaxa und Brühe ablöschen. Sauce auf mittlerer Stufe 15–20 Minuten köcheln lassen

5. Währenddessen den Backofen auf 200 °C Ober-/Unterhitze (Umluft 180 °C) vorheizen.

6. Kurz vor Ende der Garzeit Sahne und Crème fraîche in die Sauce rühren. Mit Salz, Pfeffer, Cayennepfeffer und Oregano abschmecken.

7. Sauce über das Fleisch gießen, mit dem Käse bestreuen und Auflauf im Ofen in 30 Minuten goldbraun backen.

8. Kurz vor Ende der Backzeit kontrollieren, ob sich eine goldbraune Kruste gebildet hat. Wenn nicht, die Grillfunktion des Ofens einschalten und den Auflauf 2–3 Minuten überbacken, bis er schön goldbraun ist.

SPAGHETTI MIT FLEISCHBÄLLCHEN

45 Minuten vorbereiten | 15 Minuten garen

FÜR 4 PERSONEN

Für die Fleischbällchen:
1 große Zwiebel
2–3 Knoblauchzehen
1 Peperoncino
1 Bund glatte Petersilie
800 g gemischtes Hackfleisch
100–150 g Semmelbrösel
2 Eier (Größe M)
1 EL edelsüßes Paprikapulver
1 EL getrocknete italienische Kräuter
Salz
schwarzer Pfeffer aus der Mühle
Öl zum Anbraten

Für die Sauce:
2 Knoblauchzehen
1 Bund Frühlingszwiebeln
1 kg reife Tomaten
1 Peperoncino
1 Bund glatte Petersilie
4 Stängel Basilikum
3 EL Olivenöl
1 EL edelsüßes Paprikapulver
1 EL getrockneter Oregano
½ EL getrocknete italienische Kräuter
Salz
schwarzer Pfeffer aus der Mühle

Außerdem:
500 g Spaghetti
geriebener Parmesan

1. Für die Fleischbällchen Zwiebel und Knoblauch schälen und fein hacken. Peperoncino waschen, entkernen und ebenfalls fein hacken. Petersilie waschen, trocken schütteln, die Blätter abzupfen und hacken. Die vorbereiteten Zutaten mit Hackfleisch, Semmelbröseln, Eiern und den Gewürzen in eine Schüssel geben und gut verkneten. Aus der Fleischmasse mit den Händen ca. 4 cm große Bällchen formen und bis zur Verwendung kalt stellen.

2. Inzwischen für die Sauce Knoblauch schälen und hacken. Frühlingszwiebeln, Tomaten, Peperoncino und Kräuter waschen. Frühlingszwiebeln putzen und in Ringe schneiden. Tomaten vom Strunk befreien und vierteln. Peperoncino entkernen und fein würfeln. Petersilien- und Basilikumblätter abzupfen und hacken.

3. 1 EL Öl in einem Topf erhitzen. Frühlingszwiebeln und Knoblauch darin anschwitzen. Peperoncino zufügen und kurz mitbraten. Tomaten und Paprikapulver dazugeben. 2–3 EL Wasser einrühren und einkochen lassen. Petersilie, Basilikum, Oregano, restliches Olivenöl, italienische Kräuter und ggf. noch etwas mehr Wasser untermischen und Sauce mit Salz und Pfeffer würzen.

4. Nudeln nach Packungsanweisung in einem Topf mit kochendem Salzwasser al dente garen.

5. Inzwischen Öl in einer Pfanne erhitzen und die Fleischbällchen darin rundherum scharf anbraten.

6. Die Nudeln in ein Sieb abgießen, abtropfen lassen und mit Sauce, Hackbällchen und Parmesan servieren.

TIPP

Sensationell lecker dazu – unser Parmesan-Mix! Einfach 1 Handvoll Petersilienblätter fein mixen und unter den geriebenen Parmesan heben.

SALTIMBOCCA ALLA ROMANA

15 Minuten vorbereiten | 15 Minuten garen

FÜR 4 PERSONEN

8 dünne Kalbsschnitzel (z. B. Kalbsnuss, à 50 g)
8 Salbeiblätter
8 Scheiben roher Schinken
etwas Mehl
120 g Butter
200 ml trockener Weißwein
Salz
schwarzer Pfeffer aus der Mühle

1. Die Schnitzel einzeln zwischen 2 Frischhaltefolien oder Gefrierbeutel legen und mit einem Nudelholz oder einem schweren Glas gleichmäßig etwas platt drücken. Salbeiblätter waschen und abtrocknen.

2. Jedes Schnitzel mit 1 Scheibe Schinken und 1 Salbeiblatt belegen und diese mit kleinen Holzspießen fixieren. Fleisch auf der Seite, die nicht mit Schinken und Salbei bestückt ist, dünn mit Mehl bestäuben.

3. Butter in einer Pfanne schmelzen und Fleisch darin von beiden Seiten gleichmäßig anbraten. Schnitzel aus der Pfanne nehmen und bis zum Servieren warm stellen.

4. Den Bratenansatz in der Pfanne mit Weißwein ablöschen und etwas einkochen lassen. Mit Salz und Pfeffer abschmecken und mit den Schnitzeln servieren.

AVOCADO FRIES MIT AIOLI

10 Minuten vorbereiten | 15 Minuten garen

FÜR 4 PERSONEN

2 reife, aber nicht zu weiche Avocados
1 Spritzer Zitronensaft
100 g Paniermehl
100 g geriebener Parmesan
50 g Mehl
2 Eier (Größe M)
2 EL Olivenöl
Aioli (siehe Seite 100)
1 Prise Cayennepfeffer

1. Backofen auf 200 °C Ober-/Unterhitze (Umluft: 180 °C) vorheizen.
2. Avocados halbieren, entkernen, mit einem Löffel das Fruchtfleisch herauslösen und in ca. 2 cm dicke Scheiben schneiden. Sofort mit Zitronensaft beträufeln.
3. Paniermehl, Parmesan und Mehl in einer Schüssel vermengen. Eier in einer separaten Schüssel mit dem Schneebesen verquirlen.
4. Avocadoscheiben erst in der Paniermischung, dann im Ei und danach nochmals in der Paniermischung wenden. Auf einem mit Backpapier ausgelegten Backblech verteilen, mit Olivenöl beträufeln und ca. 15 Minuten im Ofen backen.
5. Inzwischen die Aioli mit Cayennepfeffer würzen. Avocado Fries aus dem Ofen nehmen und mit der Aioli servieren.

Food
newspaper from Epicurean taster
wine country

ZUCCHININUDELN MIT GRÜNEM PESTO UND HÄHNCHEN

40 Minuten vorbereiten | 10 Minuten garen

FÜR 4 PERSONEN

Für das Pesto:
1 großer Topf Basilikum
2 Knoblauchzehen
50 g Pinienkerne
50 g Cashewkerne
100 ml Olivenöl
Saft von 1 Zitrone
25 g geriebener Parmesan
Salz
schwarzer Pfeffer aus der Mühle

Für die Nudeln:
4 Hähnchenbrustfilets (à 125 g)
800 g Zucchini
150 g Feta
3 EL Butter
Salz
schwarzer Pfeffer aus der Mühle
40 g geröstete Mandelblättchen
etwas Kresse

1. Für das Pesto die Basilikumblätter abzupfen, in einem Sieb kurz waschen und abtropfen lassen. Die Knoblauchzehen schälen und grob hacken. Pinienkerne und Cashewkerne in einer Pfanne ohne Zugabe von Fett leicht anrösten. Die vorbereiteten Zutaten mit den restlichen Pesto-Zutaten in ein hohes Gefäß füllen und mit einem Stabmixer fein pürieren. Mit Salz und Pfeffer abschmecken.

2. Hähnchenbrustfilets mit etwas Küchenpapier trocken tupfen. Zucchini waschen, putzen und mit einem Spiralschneider in Spaghettiform schneiden. Feta zerbröseln.

3. 1 EL Butter in einer Pfanne schmelzen und die Hähnchenbrustfilets darin bei mittlerer Hitze von beiden Seiten goldbraun anbraten. Mit Salz und Pfeffer würzen und langsam bei geringer Hitze in 1–2 Minuten zu Ende garen.

4. Die restliche Butter in einer Pfanne erhitzen und die Zucchininudeln darin 2–3 Minuten erhitzen. Mit Salz und Pfeffer würzen und mit dem Feta und dem Pesto vermengen.

5. Zucchininudeln und Hähnchenbrustfilets auf Teller verteilen, mit Mandelblättchen und Kresse garnieren und sofort servieren.

GEBACKENER FETA MIT TOMATEN UND OLIVEN

20 Minuten vorbereiten | 20 Minuten garen

FÜR 4 PERSONEN

½ Bund Frühlingszwiebeln
500 g Kirschtomaten
2 Knoblauchzehen
300 g Feta
Abrieb von 1 Bio-Zitrone
1 EL getrockneter Oregano
½ EL getrockneter Thymian
30 g gemischte Oliven (ohne Stein)
4 EL Olivenöl
Salz
schwarzer Pfeffer aus der Mühle
Ciabatta oder Baguette zum Servieren

1. Backofen auf 200 °C Ober-/Unterhitze (Umluft: 180 °C) vorheizen.

2. Frühlingszwiebeln waschen, putzen und in feine Ringe schneiden. Tomaten waschen und halbieren. Knoblauchzehen schälen und hacken.

3. Feta in eine ofenfeste Form legen. Frühlingszwiebel, Knoblauch, Zitronenschale und Gewürze darauf verteilen. Tomaten und Oliven rundherum in die Form legen, alles mit Öl beträufeln und mit etwas Salz und Pfeffer würzen.

4. Feta ca. 20 Minuten im Ofen backen und sofort mit Ciabatta oder Baguette servieren.

FÜR GÄSTE

TIPP

Zur Lammkeule passen gut kleine Ofenkartoffeln. Diese könnt ihr ca. 1 Stunde vor Ende der Garzeit im Ofen mitgaren.

CARMENS SUPERZARTES LAMM

20 Minuten vorbereiten | 5–6 Stunden garen

FÜR 4–6 PERSONEN

1 Lammkeule (ca. 1½ kg mit Knochen)
4 EL Olivenöl + etwas zum Einreiben
Meersalz
schwarzer Pfeffer aus der Mühle
1 EL Cayennepfeffer
1 Knolle Knoblauch (ca. 15 Zehen)
1 rote Peperoncini
3 kleine Tomaten
2 große Zwiebeln
100 g Sahne (30 % Fett)
2–3 EL Saucenbinder (optional)

1. Backofen auf 90 °C Ober-/Unterhitze (Umluft 70 °C) vorheizen.

2. Die Lammkeule mit Küchenpapier trocken tupfen und von Häuten und Sehnen befreien. Anschließend mit etwas Olivenöl einreiben und mit Salz, Pfeffer und Cayennepfeffer würzen.

3. Knoblauchzehen schälen und rundherum in die Lammkeule stecken (dazu mit einem Messer kleine Einschnitte machen). Olivenöl in einem Bräter erhitzen und die Lammkeule darin von allen Seiten scharf anbraten. Mit 500 ml Wasser ablöschen, Deckel aufsetzen und Fleisch auf mittlerer Schiene im Ofen 5–6 Stunden garen. Ab und zu die Flüssigkeitsmenge kontrollieren und ggf. etwas Wasser nachgießen.

4. Nach ca. 4 Stunden Peperoncini und Tomaten waschen. Peperoncini entkernen und in Ringe schneiden. Tomaten vom Strunk befreien und vierteln. Zwiebeln schälen und vierteln. Das vorbereitete Gemüse zur Lammkeule in den Bräter legen, wieder abdecken und 1 weitere Stunde schmoren.

5. Das Fleisch ist fertig, wenn es schon fast vom Knochen fällt. Lamm aus dem Bräter nehmen, auf eine ofenfeste Servierplatte setzen und im Ofen warm halten. Den Bratensud durch ein feines Sieb passieren und die Sauce dabei auffangen. Das Gemüse durchs Sieb streichen.

6. Die aufgefangene Sauce in einem Topf aufkochen, ggf. mit etwas Wasser auffüllen und die Sahne einrühren. Ist die Sauce noch zu dünn, den Saucenbinder klumpenfrei einrühren und Sauce noch mal aufkochen lassen. Anschließend mit Salz und Pfeffer abschmecken.

7. Lammkeule aus dem Ofen nehmen und mit der Sauce servieren.

CARMENS STEAK-SALAT »EL GAUCHO«

25 Minuten vorbereiten | 10 Minuten grillen und ruhen lassen

FÜR 4 PERSONEN

2 Eier (Größe M)
1 Kopfsalat
3 reife Tomaten
1 große weiße Zwiebel
200 g junger Gouda, am Stück
4 Rumpsteaks (à 200 g)
Salz
schwarzer Pfeffer aus der Mühle
2 EL Butterschmalz
2 EL weißer Balsamico-Essig
5 EL Olivenöl

1. Die Eier in einem Topf mit siedendem Wasser in 10–12 Minuten hart kochen.

2. Währenddessen den Kopfsalat waschen, trocken schleudern und in mundgerechte Stücke zupfen. Tomaten waschen, vom Strunk befreien und achteln. Die Zwiebel schälen und klein schneiden, den Käse würfeln. Eier nach Ende der Kochzeit mit kaltem Wasser abschrecken, pellen und in grobe Stücke schneiden. Die vorbereiteten Zutaten in einer großen Schüssel vermengen.

3. Steaks von beiden Seiten leicht mit Salz und Pfeffer würzen. Butterschmalz in einer Grillpfanne erhitzen und die Steaks darin auf jeder Seite ca. 3 Minuten scharf anbraten. Anschließend aus der Pfanne nehmen, in Aluminiumfolie einschlagen und 4 Minuten ruhen lassen.

4. Inzwischen für das Dressing Balsamico-Essig, Olivenöl, 1–2 EL Wasser, Salz und Pfeffer in einer Schüssel mit einem Schneebesen verrühren, bis sich das Salz aufgelöst hat. Das Dressing mit dem Salat vermengen, die Steaks ggf. in Scheiben schneiden und auf dem Salat anrichten oder sofort mit dem Salat servieren.

TIPP

Verleiht eurem Salat einen zusätzlichen Kick mit Carmens Salat Burner von myKraut.

MANIOK-FRITTEN

10 Minuten vorbereiten | 30 Minuten einweichen | 5 Minuten frittieren

FÜR 4 PERSONEN

1 große Maniok-Knolle
1 l neutrales Pflanzenöl zum Frittieren
Meersalz

1. Maniok-Knolle mit einem Sparschäler rundherum schälen und in 8–10 cm lange Stücke schneiden. Anschließend in Scheiben und dann in pommestaugliche Stifte schneiden.

2. Maniok-Fritten 30 Minuten in einer Schüssel mit kaltem Wasser einweichen oder 10–12 Minuten in einem Topf mit kochendem Wasser garen, bis die Konsistenz an gekochte Kartoffeln erinnert. Das ist wichtig, da rohe Maniok Blausäure enthält, die durch das Einlegen oder Garen verfliegt. Fritten durch ein Sieb abgießen und dann gut mit Küchenpapier abtrocknen.

3. Öl in einer Fritteuse oder einem Topf erhitzen und die Fritten darin knusprig frittieren. Mit einer Schöpfkelle aus dem Öl heben und auf Küchenpapier abtropfen lassen. Maniok-Fritten mit Meersalz bestreuen und sofort servieren.

TIPP

Dazu passen Aioli (siehe Seite 100) und Steak oder Carmens Steak-Salat »El Gaucho« (siehe Seite 76).

EINFACHES CHATEAUBRIAND MIT SAUCE BÉARNAISE

60 Minuten ruhen lassen | 15 Minuten vorbereiten | 100–120 Minuten garen

FÜR 4 PERSONEN

Für das Rindfleisch:
1 kg Rinderfilet am Stück
Meersalz
schwarzer Pfeffer
aus der Mühle
4 EL Olivenöl

Für die Sauce béarnaise:
1 Schalotte
1 Zitrone
100 ml Weißwein
4 schwarze Pfefferkörner
3 Eigelbe (Größe M)
150 g Butter
1 TL getrockneter Estragon
1 Prise Salz
1 Prise Cayennepfeffer

1. Das Fleisch schon vor dem Zubereiten aus dem Kühlschrank nehmen und ca. 60 Minuten stehen lassen, bis es Zimmertemperatur angenommen hat, ggf. von der Silberhaut befreien.

2. Backofen auf 90 °C Ober-/Unterhitze vorheizen.

3. Das Fleisch mit Salz und Pfeffer würzen. Olivenöl in einem ofenfesten Bräter erhitzen und das Fleisch darin 3–4 Minuten rundherum scharf anbraten. Anschließend auf mittlerer Schiene im Ofen ohne Deckel 90–120 Minuten garen, je nach Vorliebe. Zwischendurch mit dem austretenden Saft begießen. Gegen Ende des Garvorgangs mit einem Fleischthermometer die Kerntemperatur des Fleisches prüfen. Sie sollte bei 52–55 °C liegen.

4. Ca. 30 Minuten vor Ende der Garzeit für die Sauce die Schalotte schälen und halbieren. Die Zitrone halbieren und den Saft auspressen. Schalotte und Zitronensaft mit dem Weißwein und den Pfefferkörnern in einem Topf erhitzen und ca. auf die Hälfte einkochen lassen.

5. Die Butter in einem zweiten Topf schmelzen.

6. Einen Topf mit Wasser zum Kochen bringen, dann die Temperatur auf niedrige Stufe reduzieren. Weißwein-Reduktion durch ein feines Sieb in eine auf den Topf passende Metallschüssel passieren, Eigelbe hinzufügen und im heißen Wasserbad mit einem Schneebesen schaumig schlagen. Achtung: Das Wasserbad darf nicht zu heiß werden, sonst gerinnt das Ei! Die flüssige Butter unter ständigem Rühren einarbeiten. Estragon hinzufügen, Sauce mit Salz und Cayennepfeffer abschmecken und mit dem Rindfleisch servieren.

TIPP

Wer kein Fleischthermometer hat, kann sich auch mit einer Druckprobe behelfen, um zu bestimmen, ob das Fleisch fertig ist. Doch wie fühlt sich ein Stück Fleisch an, wenn es rare (sehr weich), medium (weich) oder bereits gut durchgegart (fest) ist? Euer Handballen unterhalb des Daumens ist eine gute Orientierungshilfe: Legt hierfür den Daumen mit verschiedenen Fingern derselben Hand locker zusammen und vergleicht die Festigkeit vom Handballen mit dem des Rindfleisches:

- **Rare:** Legt den Daumen und den Zeigefinger aneinander und drückt auf den Handballen. So fühlt sich das Fleisch an, wenn es blutig gegart ist.
- **Medium:** Legt den Daumen und den Ringfinger aneinander und drückt auf den Handballen. So fühlt sich das Fleisch an, wenn es noch nicht durchgegart, aber nicht mehr blutig ist.
- **Well done:** Legt den Daumen und den kleinen Finger aneinander und drückt auf den Handballen. Genauso fest fühlt sich durchgegartes Fleisch an.

Tipp: Das Steak Jewöörz der Geissens von myKraut ist eine wunderbare Ergänzung für einen intensiven Fleischgenuss – mit und ohne Sauce béarnaise.

GAZPACHO ANDALUZ MIT ZITRONENEIS

35 Minuten

FÜR 4 PERSONEN

1 Gurke
1 Zwiebel
2 Knoblauchzehen
8 große reife Tomaten
4 bunte Paprikaschoten
100 g Paniermehl
4 EL Weißweinessig
4 EL Olivenöl
1 Prise Zucker
1 EL Salz
schwarzer Pfeffer aus der Mühle
4 Scheiben Weißbrot
4 Kugeln Zitroneneis

1. Gurke schälen, längs halbieren, mit einem Löffel entkernen und in kleine Stücke schneiden. Zwiebel und Knoblauch schälen und hacken. Tomaten mit einem Messer kreuzförmig einritzen und in einer Schüssel mit kochendem Wasser übergießen. Anschließend in kaltem Wasser abschrecken und die Haut mithilfe eines Messers abziehen. Tomaten vom Strunk befreien und würfeln. Paprikaschoten waschen, putzen und klein würfeln. 1 Handvoll Paprika zum Garnieren beiseite legen.

2. Die vorbereiteten Zutaten mit Paniermehl, Weißweinessig, Olivenöl und Zucker in einen Topf oder eine Schüssel geben und mit dem Stabmixer fein pürieren. Nach Belieben noch mit etwas Wasser verdünnen, dann mit Salz und Pfeffer abschmecken.

3. Weißbrot in einem Toaster toasten, kurz abkühlen lassen und fein würfeln. Gazpacho auf Teller verteilen, jeweils mit Paprikawürfeln, Croûtons und 1 Kugel Zitroneneis garniert servieren.

TIPP

Sollte eure Gazpacho etwas zu dünn geworden sein, könnt ihr noch mehr Paniermehl unterrühren. Statt Zitroneneis könnt ihr auch Minzeis probieren.

SPAGHETTI LOBSTER

30 Minuten auftauen lassen | 20 Minuten vorbereiten | 40 Minuten garen

FÜR 4 PERSONEN

2 Hummer (à 450–500 g), küchenfertig und tiefgefroren
6 Tomaten
1 Zwiebel
2 Knoblauchzehen
1 Peperoncini
4 Stängel Basilikum
4 Stängel glatte Petersilie
2 Frühlingszwiebeln
2 EL Olivenöl
Salz
schwarzer Pfeffer aus der Mühle
edelsüßes Paprikapulver
1 Schuss Cognac
500 g Spaghetti
geriebener Parmesan (nach Belieben)

1. Den Hummer in einer Schüssel mit kaltem Wasser ca. 30 Minuten auftauen lassen.

2. In der Zwischenzeit für die Sauce Tomaten waschen, mit einem Messer kreuzförmig einritzen und in einer Schüssel mit kochendem Wasser übergießen. Anschließend in kaltem Wasser abschrecken und die Haut mithilfe eines Messers abziehen. Tomaten vom Strunk befreien und klein würfeln.

3. Zwiebel und Knoblauch schälen, die Zwiebel fein würfeln. Peperoncini waschen, entkernen und in feine Ringe schneiden. Die Kräuter waschen, trocken schütteln, die Blätter abzupfen und hacken. Die Frühlingszwiebeln waschen, putzen und in feine Ringe schneiden.

4. Olivenöl in einem Topf erhitzen und Zwiebel darin anschwitzen. Knoblauch hineinpressen und kurz mitbraten. Tomaten, Peperoncini und Frühlingszwiebeln dazugeben und etwas einkochen lassen. Mit Salz, Pfeffer und Paprikapulver würzen.

5. Die Kräuter einrühren, Sauce mit 1 Schuss Cognac verfeinern und Topf vom Herd nehmen.

6. Den aufgetauten Hummer nacheinander und kopfüber in einem großen Topf mit ca. 3 l kochendem Salzwasser garen. Den ersten Hummer ca. 10 Minuten garen, herausnehmen, den nächsten hineingeben und weitere 10 Minuten garen.

7. Hummer abtropfen lassen, ggf. Gummiringe von den Scheren entfernen und mit einem scharfen Messer mittig in die Panzer einstechen und die Hummer halbieren. Schwanzfleisch aus den Schalen lösen und den Darm mit einem kleinen Messer entfernen. Scheren vom Körper drehen und den hinteren Teil der Scheren wegschneiden. Scheren im Gelenk jeweils anwinkeln, das Gelenk an der Seite mit einem Messer aufschlagen und von den Scheren trennen. Das Gelenk aufklappen und das Scherenfleisch herauslösen. Hummerfleisch in mundgerechte Stücke schneiden.

8. Nudeln nach Packungsanweisung in einem Topf mit kochendem Salzwasser al dente garen.

9. Inzwischen die Sauce erneut erhitzen, das Hummerfleisch dazugeben und kurz ziehen lassen. Nudeln durch ein Sieb abgießen, abtropfen lassen, mit der Sauce vermengen und nach Belieben mit Parmesan servieren.

TIPP

Wer keinen Risotto mag oder das Gericht weniger aufwendig haben möchte, lässt den Risotto weg und nimmt stattdessen 300 Gramm Kartoffeln, schält sie und schneidet sie in grobe Würfel. Nachdem der Fisch ca. 10 Minuten im Ofen gart, nehmt ihr ihn nochmals heraus, verteilt die Kartoffeln drum herum und gart das Gericht zu Ende.

LOUP DE MER SAUVAGE MIT RISOTTO

35 Minuten vorbereiten | 40 Minuten grillen | 20 Minuten garen

FÜR 4 PERSONEN

Für den Fisch:
2 kg Wolfsbarsch, küchenfertig
Salz
1 Bund glatte Petersilie
1 Bund Frühlingszwiebeln
1 Stange Lauch
1 Paprikaschote
4 Peperoncini
2 kg Tomaten
1 Knoblauchzehe
schwarzer Pfeffer aus der Mühle
1 Zitrone
200 ml Olivenöl

Für den Risotto:
1 Zwiebel
2 Knoblauchzehen
1 EL Olivenöl
400 g Risottoreis
500 ml Weißwein
400 ml Gemüsebrühe
Salz
schwarzer Pfeffer aus der Mühle
100 g geriebener Parmesan
100 g Sahne (30 % Fett)

1. Den Wolfsbarsch waschen, mit Küchenpapier trocken tupfen und innen und außen mit Salz würzen. Dann in einen ofenfesten Bräter setzen. Die Haut mit einem Messer einritzen.

2. Den Backofen auf 180 °C Ober-/Unterhitze (Umluft 160 °C) vorheizen.

3. Die Petersilie waschen, trocken schütteln, die Blätter abzupfen und fein hacken. Frühlingszwiebeln und Lauch waschen, putzen und in feine Ringe schneiden. Paprika und Peperoncini waschen, putzen, entkernen und in Streifen bzw. Ringe schneiden. Tomaten waschen, vom Strunk befreien und achteln. Knoblauch schälen und in Scheiben schneiden.

4. Petersilie, Peperoncini, Knoblauch und Frühlingszwiebeln in einer Schüssel vermengen, mit Salz und Pfeffer würzen und den Fisch damit füllen. Zitrone waschen, abtrocknen, in Scheiben schneiden und auf dem Fisch verteilen. Mit Olivenöl beträufeln und Fisch im Ofen ca. 45 Minuten auf mittlerer Stufe garen. Nach 10–15 Minuten die Tomaten, Paprika und Lauch um den Fisch herum verteilen.

5. Inzwischen für den Risotto Zwiebel und Knoblauch schälen und fein würfeln. Olivenöl in einem Topf erhitzen und beides darin anschwitzen. Reis dazugeben und bei mittlerer Hitze glasig dünsten. Mit etwas Weißwein ablöschen und kurz einkochen lassen. Unter ständigem Rühren nach und nach im Wechsel Brühe und Wein angießen und wieder einkochen lassen, insgesamt 15–20 Minuten köcheln lassen.

6. Risotto mit Salz und Pfeffer würzen und den Parmesan unterheben. Bei Bedarf noch etwas Brühe dazugeben. Die Sahne unterrühren. Der Risotto sollte eine cremige Konsistenz, aber noch etwas Biss haben.

7. Fisch aus dem Ofen nehmen und mit dem Risotto servieren.

SO SIND UNSERE LIEBLINGSREZEPTE ENTSTANDEN

Manche unserer Rezepte aus diesem Buch haben eine besondere Entstehungsgeschichte, die wir hier mit euch teilen möchten.

CARMEN: DIE GESCHICHTE VON MEINEM LOUP DE MER

Dieses Gericht begleitet mich schon lange, etwa zehn Jahre lang. Der Loup de Mer ist eine Eigenkreation von mir, die ich mal für einen besonderen Anlass gekocht habe. Alle eingefleischten Fans unter euch wissen es vielleicht noch – damals habe ich an der Fernsehsendung *Das perfekte Promi Dinner* teilgenommen und mit meinem Loup de Mer tatsächlich auch gewonnen! Drei Wochen vor dem Dinner habe ich das Gericht jedes Wochenende ausprobiert, damit ich es perfekt draufhabe. Ich glaube, dieses Gericht könnte ich auch im Schlaf kochen. Und wir lieben es immer noch.

ROBERT: BOLO MAL ANDERS

Italienische Küche steht bei uns hoch im Kurs. Deshalb dürfen Klassiker wie Arrabbiata oder Bolognese nicht fehlen. Selbst wenn wir auf Reisen sind und selber kochen, lassen wir uns das nicht nehmen. Da ist man dann auch mal gezwungen, Neues auszuprobieren und mit den Zutaten zu kochen, die das Land zu bieten hat. In Südafrika z. B. ist das Fleisch von Springbock, Antilope, Strauß und Krokodil sehr verbreitet. Klassisches Schweine- oder Rindfleisch wie bei uns findet ihr dort nicht auf der Speisekarte. So hat jedes Land seine Vorlieben. Springbock oder Antilope sind auch rotes Fleisch, woraus man genauso gut Bolognese machen kann. So ist meine Springbock-Antilopen-Bolognese entstanden. Das Rezept findet ihr auf Seite 53. Natürlich klingt das Gericht im ersten Moment ungewöhnlich, und Carmen war erst mal gar nicht begeistert von der Idee, aber am Ende hat es allen unseren Gästen sehr gut geschmeckt. Probiert's einfach mal aus!

ROBERT: UNSERE GANZ EIGENE PAELLA VALENCIANA

Ich habe eine spanische Tante, die schon vor 40 Jahren für uns Paella gekocht hat. Die klassisch spanische Paella enthält sehr viel Meeresgetier. Das ist nicht jedermanns Sache, auch wir mögen nicht unbedingt die klassische Meeresfrucht-Paella, aber meine Tante hat das Gericht schon damals etwas an die deutsche Küche angepasst. Also mit mehr Fleisch: Fleischbällchen, Schweine- und Rindfleisch. Ich habe mitbekommen, wie sie sie gekocht hat, und das Gericht dann zu Hause 2- oder 3-mal selbst ausprobiert. So ist dann unser Familienrezept mit viel Chicken entstanden. Wir verwenden auch gerne mehr Gemüse als im klassischen Rezept, man will ja nicht nur auf Reis beißen.

DAVINA: GUACAMOLE NACH AUGENMASS

Irgendwann, da waren wir mal im COYA in Monaco essen. Das ist ein peruanisches Restaurant, wo man z. B. Ceviche oder Tacos kriegt. Die machen ihre Guacamole immer ganz frisch. Als ich sie das erste Mal probiert habe, fand ich sie so lecker, dass ich sie unbedingt auch selber machen wollte. Ich habe den Köchen zugesehen, wie sie die Guacamole zubereiten und welche Zutaten sie verwenden. Zu Hause habe ich sie einfach aus der Erinnerung nachgemacht, und das hat super geklappt!

STYLE

IS ALWAYS

CARMENS CREMIGER KRÄUTERDIP

10 Minuten

FÜR 4 PERSONEN

300 g St.-Môret-Frischkäse (oder Frischkäse, Doppelrahmstufe 60 % Fett)
1 Bund Schnittlauch
Salz
schwarzer Pfeffer aus der Mühle

1. Frischkäse in einer kleinen Schüssel mit einem Schneebesen cremig rühren.
2. Schnittlauch waschen, trocken schütteln und in feine Ringe schneiden. Schnittlauch unter den Frischkäse heben. Mit Salz und Pfeffer abschmecken und servieren.

ZWEIERLEI KRÄUTERBUTTER

15 Minuten

FÜR JEWEILS 1 PORTION

1 Bund Schnittlauch
3 Stängel glatte Petersilie
2 Stängel Dill
1 Knoblauchzehe
¼ Beet Kresse
½–1 TL Salz
250 g weiche Butter
½ TL edelsüßes Paprikapulver

1. Die Kräuter waschen, trocken schütteln und den Schnittlauch in feine Ringe schneiden. Blätter von der Petersilie und vom Dill abzupfen und beides fein hacken. Knoblauch schälen und die Kresse abschneiden.

2. Kräuter, Kresse, Salz und Butter in einer Schüssel miteinander vermengen. Knoblauch dazupressen und unterrühren.

3. Die Hälfte der Kräuterbutter mit dem Paprikapulver vermengen und beide Varianten servieren.

DAVINAS GUACAMOLE

15 Minuten vorbereiten | 30 Minuten ziehen lassen

FÜR 1 PORTION

1 Peperoncino
1 Tomate
1 Knoblauchzehe
1 Stängel Koriander
2 reife Avocados
1 EL Zitronensaft
1 Prise Salz
schwarzer Pfeffer
aus der Mühle
Saft von 2 Limetten

1. Peperoncino und Tomate waschen. Peperoncino entkernen, Tomate vom Strunk befreien und beides klein würfeln. Knoblauch schälen und ebenfalls würfeln. Koriander waschen, trocken schütteln, die Blätter abzupfen und in feine Streifen schneiden.

2. Avocados halbieren, das Fruchtfleisch mit einem Löffel herauslösen (Schalen aufbewahren!) und in einer Schüssel mit einer Gabel zerdrücken. Mit Zitronensaft beträufeln. Die restlichen Zutaten unterheben und alles gut vermengen.

3. Guacamole abgedeckt ca. 30 Minuten ziehen lassen und dann in den Avocadoschalen servieren.

TSATSIKI

15 Minuten vorbereiten | 30–60 Minuten ziehen lassen

FÜR 1 PORTION

½ Gurke
500 g griechischer Joghurt (10 % Fett)
2–3 Knoblauchzehen
3 EL Olivenöl
Saft von ½ Zitrone
Salz
schwarzer Pfeffer aus der Mühle

1. Gurke schälen, der Länge nach halbieren, mit einem Löffel entkernen und beide Hälften mit einer Reibe fein raspeln.
2. Joghurt in einer Schüssel cremig rühren. Knoblauch schälen und hineinpressen. Olivenöl, Zitronensaft und Gurke unterrühren.
3. Tsatsiki mit Salz und Pfeffer abschmecken und 30–60 Minuten ziehen lassen.

AIOLI

10 Minuten

FÜR 1 PORTION

1 sehr frisches Eigelb (Größe M)
Salz
schwarzer Pfeffer aus der Mühle
200 ml neutrales Pflanzenöl
3 Knoblauchzehen
1 TL Dijonsenf
1 EL Zitronensaft
1 TL Weißweinessig

1. Eigelb mit ½ TL Salz und Pfeffer in ein hohes Gefäß geben und mit dem Stabmixer cremig aufschlagen. Das Öl langsam in einem dünnen Strahl zugießen und unter Rühren einarbeiten, bis sich die Sauce gut bindet.

2. Knoblauch schälen, pressen und zusammen mit Senf, Zitronensaft und Essig zum Eigelb geben. Aioli mit Salz und Pfeffer abschmecken.

CHIMICHURRI

20 Minuten vorbereiten | 2 Stunden ziehen lassen

FÜR 4 PERSONEN

2 Knoblauchzehen
½ rote Zwiebel
½ Peperoncino
150 g glatte Petersilie
3 Zweige Thymian
Saft von 1 Limette
2 TL getrockneter Oregano
100 ml Olivenöl
2 EL Weißweinessig
Salz
schwarzer Pfeffer aus der Mühle
2 Lorbeerblätter

1. Knoblauch und Zwiebel schälen, Knoblauch pressen und die Zwiebel fein würfeln. Peperoncino waschen, entkernen und klein würfeln.

2. Petersilie und Thymian waschen, trocken schütteln, die Blätter abzupfen und hacken. Vorbereitete Zutaten mit dem Limettensaft, Oregano, Olivenöl und Essig in einer Schüssel vermengen. Mit Salz und Pfeffer abschmecken.

3. Chimichurri in 2 sterilisierte Gläser füllen, die Lorbeerblätter dazugeben und Sauce verschlossen mindestens 2 Stunden ziehen lassen.

TIPP

Chimichurri schmeckt genial zu Steak und Lamm – aber auch zu den Hasselback-Kartoffeln von Seite 118.

Gläser richtig sterilisieren – so geht's:
Twist-off-Gläser und Deckel in einen Topf stellen, mit Wasser bedecken und das Wasser aufkochen lassen. Bei mittlerer Hitze Gläser und Deckel 3–5 Minuten auskochen. Anschließend vorsichtig aus dem Topf heben und umgedreht auf einem Geschirrtuch abkühlen lassen.

CARMENS WEISSKOHLSALAT

25 Minuten vorbereiten | 3–4 Tage ziehen lassen

FÜR 4 PERSONEN

1 kg Weißkohl
2 Schalotten
1 rote Paprikaschote
1 gelbe Paprikaschote
120 ml Mineralwasser
120 g weißer Balsamico-Essig
80 g Zucker oder
1 TL flüssiger Süßstoff
20 g Salz
½ TL schwarzer Pfeffer aus der Mühle
½ TL gemahlener Kümmel (nach Belieben)
100 ml Öl

1. Beim Weißkohl die äußeren Blätter entfernen, den Kopf waschen und grob in Stücke zerteilen, dabei jeweils den Strunk entfernen. Weißkohl mit einem Gemüsehobel fein raspeln. Schalotten schälen und in dünne Ringe schneiden. Paprikaschoten waschen, putzen und in feine Streifen schneiden. Die vorbereiteten Zutaten in einer Schüssel gut vermengen.

2. Für das Dressing Mineralwasser, Balsamico, Zucker, Salz, Pfeffer, ggf. Kümmel und Öl in einen hohen Becher geben und mit dem Stabmixer pürieren.

3. Dressing unter den Salat heben, vermengen und Salat 3–4 Tage abgedeckt im Kühlschrank ziehen lassen.

4. Vor dem Servieren Salat ggf. noch etwas nachwürzen.

TIPP VON CARMEN

Ein toller herzhafter Salat, der gut in die Grillsaison passt, aber auch zu Krusten- oder Schweinerollbraten.

MELONEN-FETA-SALAT MIT MINZE

10 Minuten

FÜR 4 PERSONEN

600 g Wassermelone
150 g Feta
3 Stängel Minze
2–4 EL Olivenöl
Salz
schwarzer Pfeffer aus der Mühle

1. Die Schale der Wassermelone und die Kerne entfernen und das Fruchtfleisch würfeln. In ein Sieb geben und abtropfen lassen.
2. Den Feta abtropfen lassen und ebenfalls würfeln. Minze waschen, trocken schütteln, die Blätter abzupfen und in feine Streifen schneiden.
3. Alle vorbereiteten Zutaten in einer Schüssel mit dem Olivenöl vermengen und mit Salz und Pfeffer würzen.

GASTGEBEN: UNSERE BESTEN TIPPS

Wir lieben es, Gastgeber zu sein und unsere Freunde zu bewirten! Und das spüren auch unsere Gäste, denn sie freuen sich einfach auf alles, was sie bei uns erwartet: auf die Dekoration des Tisches, aufs tolle Essen, die guten Weine und auf den Spaß, den wir sowieso immer zusammen haben. Damit auch euer Abend mit Gästen super klappt, haben wir ein paar Tipps für euch:

- **Vorlieben abstimmen:** Richtet euch bei eurem Essen und den Getränken nach den Wünschen der Gäste. Was mögen sie gerne und was gar nicht? Hat jemand Unverträglichkeiten oder Allergien? All diese Fragen solltet ihr schon im Vorhinein abchecken.
- **Gerichte anhand eigener Kochfähigkeiten auswählen:** Welche Gerichte traut ihr euch zu oder könnt ihr besonders gut kochen? Damit seid ihr meist auf der sicheren Seite, besonders wenn ihr noch nicht viel Erfahrung im Bewirten mehrerer Gäste habt. Es muss auch wirklich kein teures Essen mit Luxusprodukten sein. Selbst mit günstigen Zutaten und einfachen Gerichten könnt ihr ein tolles Essen zaubern, das eure Gäste begeistert. Wir machen z. B. liebend gerne Bolognese oder Huhn. Oder ein BBQ mit Weißkohlsalat – der Salat ist immer so beliebt und dabei so einfach!
- **Ausreichend einkaufen:** Sorgt dafür, dass ausreichend Essen und Getränke vorhanden sind. Also lieber etwas zu viel zu Hause haben als zu wenig. Nichts ist bei einer Party unangenehmer, als wenn das Essen nicht reicht und eure Gäste hungrig nach Hause gehen.
- **Tisch-Deko nicht vergessen:** Das Auge isst immer mit – und damit meinen wir nicht nur die Gerichte selber, sondern auch das Drumherum. Carmen liebt es, den Tisch schön zu decken und zu dekorieren. Das versprüht gleich eine einmalige Atmosphäre und sorgt dafür, dass sich alle wohlfühlen. Tipp: Ihr müsst ja nicht jedes Mal neue Deko kaufen. Legt euch ein paar schöne Sachen zu, die zu euch und eurer Einrichtung passen. Diese könnt ihr dann jedes Mal in Szene setzen.
- **Motto-Abende:** Wir machen gerne sehr unterschiedliche Abende für unsere Gäste. Das kommt natürlich auch immer ein bisschen auf die Jahreszeit an. Im Sommer wird's vielleicht ein italienischer Abend mit Roberts Arrabbiata, und im Winter servieren wir Hühnchen oder Gulasch. Auch die Saison kann eine wichtige Rolle spielen, z. B., wenn es Spargel gibt. Motto-Abende muss man natürlich nicht machen, aber es erhöht den Spaß!
- **Planung statt Chaos:** Bereits bei einer Anzahl von zehn Leuten planen wir gerne den Abend im Voraus, damit wir an alles denken und erste Vorbereitungen treffen können. Das ist viel stressfreier, und aus eigener Erfahrung wissen wir, dass am Tag, an dem die Gäste kommen, immer noch genug zu tun ist. Bei uns ist das oft eine glatte Punktlandung – sobald wir alles vorbereitet und uns selbst zurechtgemacht haben, stehen schon die ersten Gäste vor der Tür.
- **Lasst euch helfen!** Das schönste Fest mit Freunden ist nur halb so schön, wenn der Gastgeber den ganzen Abend in der Küche steht. Die Gäste wollen ja mit euch essen und den Abend genießen! Wenn ihr merkt, dass ihr euch zu viel zugemutet habt, dann holt euch Hilfe dazu. Das kann ein Familienangehöriger oder ein guter Freund sein, aber natürlich auch eine professionelle Hilfe, die euch in der Küche unterstützt oder beim Bewirten hilft. Dann ist es gleich viel entspannter, und ihr habt Zeit, euch um eure Gäste zu kümmern.

Farfalle

CARMENS KNOBLAUCHSUPPE

10 Minuten vorbereiten | 15 Minuten garen

FÜR 4 PERSONEN

1 Zwiebel
1–2 Knoblauchzehen
1 Bund Schnittlauch
1 EL Olivenöl
1 EL Mehl
200 ml Weißwein
500 ml Gemüsebrühe
200 g Sahne (30 % Fett)

1. Zwiebel und Knoblauch schälen und die Zwiebel klein würfeln. Schnittlauch waschen, trocken schütteln und in feine Ringe schneiden.
2. Öl in einem Topf erhitzen und die Zwiebel darin glasig anschwitzen. Knoblauch hineinpressen und kurz mitdünsten. Mehl einrühren, kurz anrösten lassen, dann mit etwas Weißwein ablöschen. Nach und nach abwechselnd Wein und Brühe angießen und einkochen lassen, insgesamt 10–15 Minuten auf kleiner Hitze köcheln lassen.
3. Die Suppe mit dem Stabmixer fein pürieren, danach ⅔ der Sahne einrühren und erwärmen. Mit Salz und Pfeffer abschmecken.
4. Die restliche Sahne in eine Schüssel geben und mit dem Handmixer steif schlagen. Ein wenig davon unter die Suppe heben.
5. Suppe mit Schnittlauch und restlicher Sahne garniert servieren.

TIPP

Wenn der Reis an der Oberfläche knusprig wird und an den Pfannenrändern karamellisiert, ist die Paella fertig

PAELLA VALENCIANA

35 Minuten vorbereiten | 45 Minuten garen

FÜR 4 PERSONEN

150 g Prinzessbohnen
2 Bio-Zitronen
1 rote Paprikaschote
1 Knoblauchzehe
2–3 Tintenfischtuben, küchenfertig
4 Garnelen mit Kopf und Schale
500 g Kaninchenfleisch
300 g Hühnerschenkel
Salz
40 ml Olivenöl + etwas mehr zum Anbraten
1 EL edelsüßes Paprikapulver (alternativ: ½ EL gemahlener Piment)
150 g passierte Tomaten, (aus der Dose)
0,3 g Safranfäden (alternativ: 1 Msp. Colorante)
1 l Rinderbrühe
200 g spanischer Paellareis (z. B. Arroz Bomba, alternativ: Risottoreis)

1. Bohnen waschen, putzen und in mundgerechte Stücke schneiden.

2. Zitronen waschen und halbieren. 3 Zitronenhälften in Spalten schneiden, die übrige Hälfte auspressen. Paprika waschen, entkernen und in Spalten schneiden. Knoblauch schälen und fein hacken.

3. Tintenfischtuben und Garnelen unter kaltem Wasser waschen, die Tintenfischtuben in Ringe schneiden. Das Kaninchen- und Hähnchenfleisch ggf. abtupfen, in kleinere Stücke zerteilen und salzen. Etwas Öl in einer großen Pfanne mit hohem Rand erhitzen. Erst das Kaninchenfleisch, dann das Hähnchen darin rundherum scharf anbraten.

4. Garnelen und Paprika dazugeben und so lange mitgaren, bis sie Farbe bekommen. Beides herausnehmen. Tintenfischtuben dazugeben und ca. 5 Minuten mitgaren. Etwas Zitronensaft hinzufügen. Passierte Tomaten einrühren und stark einreduzieren. Inzwischen Safran in der Rinderbrühe auflösen und anschließend das Fleisch damit ablöschen.

5. 1 TL Salz und Paprikapulver dazugeben und ca. 20 Minuten auf kleiner Hitze köcheln lassen.

6. Reis dazugeben, ca. 15 Minuten köcheln lassen und die Bohnen vorsichtig unterheben, den Reis nicht mehr umrühren.

7. Paprika und Garnelen wieder dazugeben und weitere 10–15 Minuten köcheln lassen. (Achtung: Die Paella darf nicht anbrennen, ggf. etwas Wasser nachgießen.)

8. Paella mit restlichem Zitronensaft beträufeln, mit Zitronenspalten garnieren und in der Pfanne servieren.

SHRIMPS IN KNOBLAUCH

10 Minuten

FÜR 4 PERSONEN

4 Knoblauchzehen
4 Stängel glatte Petersilie
80 ml Olivenöl
400 g Garnelen, küchenfertig
2 TL Chiliflocken (nach Belieben)
70 ml Weißwein
Salz

1. Knoblauch schälen und in dünne Scheiben schneiden. Petersilie waschen, trocken schütteln, die Blätter abzupfen und grob hacken.
2. Öl in einer Pfanne erhitzen und den Knoblauch darin ca. 1 Minute anbraten. Garnelen und ggf. Chiliflocken dazugeben und 3–4 Minuten rundherum scharf anbraten, bis die Garnelen gar sind.
3. Mit Weißwein ablöschen und etwas einkochen lassen. Pfanne vom Herd nehmen, Garnelen mit Petersilie bestreuen, mit Salz würzen und sofort servieren.

MEDITERRANER BROTSALAT

30 Minuten

FÜR 4 PERSONEN

4 Scheiben Ciabatta
8 EL Olivenöl
500 g Kirsch- oder Cocktailtomaten
1 rote Zwiebel
1 Knoblauchzehe
1 Bund Basilikum
2 EL dunkler Balsamico-Essig
Salz
schwarzer Pfeffer aus der Mühle
2 Kugeln Büffelmozzarella

1. Ciabatta würfeln. 2 EL Öl in einer Pfanne erhitzen und die Brotwürfel darin bei mittlerer Hitze rundherum kross anbraten.

2. Tomaten waschen und halbieren. Zwiebel und Knoblauch schälen und klein würfeln. Basilikum waschen, trocken schütteln, die Blätter abzupfen und grob hacken. Knoblauch und Zwiebel mit dem restlichen Öl und Essig in einer Schüssel vermengen. Mit Salz und Pfeffer würzen.

3. Tomaten unter den Salat heben. Mozzarella grob zerzupfen und zusammen mit den Brotwürfeln und dem Basilikum auf dem Salat verteilen. Sofort servieren.

KNUSPRIGE HASSELBACK-KARTOFFELN

10 Minuten vorbereiten | 45 Minuten garen

FÜR 4 PERSONEN

12 gleich große Kartoffeln
6 EL Olivenöl
½ TL edelsüßes Paprikapulver
Salz
schwarzer Pfeffer
aus der Mühle

1. Backofen auf 200 °C Ober-/Unterhitze (Umluft 180 °C) vorheizen.

2. Die Kartoffeln gründlich waschen und abtrocknen. Knollen mit einem scharfen Messer alle 5 mm tief einschneiden, aber nicht durchschneiden.

3. Kartoffeln auf ein mit Backpapier belegtes Blech setzen. Olivenöl in einer Schüssel mit Paprikapulver vermengen und mit Salz und Pfeffer würzen. Mit einem Pinsel das Würzöl auf den Kartoffeln verteilen. Kartoffeln ca. 45 Minuten im Ofen backen, nach 30 Minuten ggf. mit Alufolie abdecken, falls sie zu dunkel werden.

4. Nach Ende der Garzeit die Kartoffeln aus dem Ofen nehmen und als Beilage servieren.

TOMATEN-KÄSE-FÄCHERBROT

15 Minuten vorbereiten | 15 Minuten garen

FÜR 1 BROT

1 Ciabatta
150 g große Tomaten
1–2 Kugeln Büffelmozzarella
4 Stängel Basilikum
1 Knoblauchzehe
3 EL Olivenöl
Salz
schwarzer Pfeffer
aus der Mühle
15 g geriebener Parmesan

1. Backofen auf 180 °C Ober-/Unterhitze (Umluft 160 °C) vorheizen.

2. Das Brot im Abstand von 1–2 cm tief ein-, aber nicht durchschneiden. Tomaten waschen, den Strunk entfernen und Fruchtfleisch in Scheiben schneiden. Mozzarella ebenfalls in Scheiben schneiden. Basilikum waschen, trocken schütteln, Blätter abzupfen und ¾ davon fein hacken, den Rest zum Garnieren beiseite legen. Knoblauch schälen und hacken.

3. Gehacktes Basilikum und Knoblauch in einer Schüssel mit dem Olivenöl vermengen und mit Salz und Pfeffer würzen.

4. Brot auf ein mit Backpapier belegtes Blech legen. Die Tomaten- und Mozzarellascheiben in die Einschnitte stecken und das Brot mit Basilikum-Knoblauch-Öl beträufeln. Mit Salz und Pfeffer würzen und mit Parmesan bestreuen.

5. Fächerbrot im Ofen in ca. 15 Minuten goldbraun backen. Anschließend herausnehmen, mit dem restlichen Basilikum garnieren und servieren.

CIABATTA MIT GEBACKENEM RICOTTA-DIP

60 Minuten gehen lassen | 30 Minuten vorbereiten | 40 Minuten garen

FÜR 4 PERSONEN

Für das Ciabatta:
10 g frische Hefe
1 TL Zucker
5 EL Olivenöl
200 g Mehl + mehr für die Arbeitsfläche
Salz

Für den Dip:
2 Knoblauchzehen
2 EL getrocknete italienische Kräuter
50 g geriebener Parmesan
250 g Ricotta
100 g geriebener Mozzarella
2 EL Honig
Salz
schwarzer Pfeffer aus der Mühle

1. Für das Ciabatta 100 ml lauwarmes Wasser, Hefe und Zucker in einer Schüssel verrühren, bis die Hefe sich aufgelöst hat. Öl, Mehl und Salz dazugeben und mit dem Handrührgerät zu einem glatten Teig verkneten. Teig abdecken und mindestens 60 Minuten an einem warmen Ort gehen lassen.

2. Inzwischen für den Dip den Knoblauch schälen und fein hacken. Anschließend alle Zutaten für den Dip in einer Schüssel vermengen und gut verrühren. Mit Salz und Pfeffer abschmecken und in eine kleine Auflaufform (Ø 15–17 cm) gießen.

3. Backofen auf 230 °C Ober-/Unterhitze (Umluft 210 °C) vorheizen.

4. Teig auf einer bemehlten Arbeitsfläche mit den Händen durchkneten, zwei- bis dreimal der Länge nach einschlagen und zu einem länglichen Laib formen. Auf ein mit Backpapier belegtes Blech legen und ca. 20 Minuten im Ofen backen.

5. Ciabatta aus dem Ofen nehmen und abkühlen lassen. Inzwischen den Ricotta-Dip ca. 20 Minuten im Ofen backen. Dip herausnehmen und zusammen mit dem Ciabatta servieren.

MEDITERRANE SNACKPLATTE

20 Minuten

FÜR 4 PERSONEN

50 g Parmaschinken
125 g Grissini
1 kleine italienische oder spanische Salami
1 Stück Pecorino
1 Mozzarella
2 EL Olivenöl
Salz
schwarzer Pfeffer aus der Mühle
1 Prise getrocknete italienische Kräuter
4 Feigen
½ Honigmelone
1 Ciabatta
4 Stängel Basilikum
150 g gefüllte Kirschpaprika (aus dem Glas)
150 g gefüllte Peperoncini (aus dem Glas)
150 g Oliven (ohne Stein)
80 g Rauch-Mandeln

1. Je 1 Scheibe Parmaschinken mittig um 1 Grissini wickeln und beiseite stellen. Salami von der Haut befreien und in Scheiben schneiden. Pecorino in grobe Stücke schneiden. Mozzarella klein zupfen und in einer kleinen Schüssel mit Olivenöl vermengen. Mit Salz, Pfeffer und italienischen Kräutern würzen.

2. Feigen waschen, abtrocknen und vierteln oder in Scheiben schneiden. Honigmelone in Spalten schneiden, die Kerne entfernen, das Fruchtfleisch von der Schale lösen, in mundgerechte Stücke schneiden und wieder vorsichtig auf die Schalen setzen.

3. Ciabatta in Scheiben schneiden. Das Basilikum waschen, trocken schütteln und die Blätter abzupfen. Kirschpaprika und Peperoncini etwas abtropfen lassen.

4. Alle Zutaten schön auf einer großen Servierplatte anrichten und servieren.

TARTE TATIN MIT TOMATEN

30 Minuten vorbereiten | 25 Minuten backen

FÜR 4 PERSONEN

500 g bunte Cherrytomaten
1 Schalotte
2 Knoblauchzehen
4 Zweige Thymian
3 Stängel Basilikum
100 g Butter
3 EL Zucker
2 EL dunkler Balsamico-Essig
1 EL getrockneter Rosmarin
4 EL Olivenöl
1 EL Honig
1 EL Dijonsenf
Abrieb und Saft von ½ Bio-Zitrone
Salz
schwarzer Pfeffer aus der Mühle
1 Packung Blätterteig (aus der Kühltheke)

1. Tomaten waschen und halbieren. Schalotte und Knoblauch schälen und fein hacken. Thymian und Basilikum waschen, trocken schütteln, die Blätter abzupfen und hacken.

2. 50 g Butter in einer Pfanne schmelzen und die Schalotte darin glasig anschwitzen. 1 EL Zucker dazugeben, kurz karamellisieren lassen und mit dem Essig ablöschen. 1–2 Minuten bei mittlerer Hitze köcheln lassen. Tomaten und Knoblauch dazugeben und weitere 2 Minuten unter gelegentlichem Schwenken karamellisieren.

3. Backofen auf 200 °C Ober-/Unterhitze (Umluft 180 °C) vorheizen.

4. Eine Tarteform mit der restlichen Butter einfetten. Den restlichen Zucker in einem Topf schmelzen lassen und auf den Boden der Tarteform gießen. Tomaten mit der Schnittfläche nach unten auf dem Boden verteilen und mit Thymian und Rosmarin bestreuen.

5. Olivenöl, Honig, Senf, Zitronensaft und -abrieb in einer Schüssel verrühren, mit Salz und Pfeffer abschmecken und über die Tomaten gießen. Blätterteig entrollen, mit einer Gabel mehrmals einstechen, auf die Tomaten legen und den überstehenden Teigrand in die Tarteform einklappen. Tarte 20–25 Minuten auf mittlerer Schiene im Ofen backen.

6. Tarte herausnehmen, kurz abkühlen lassen und den Blätterteig vorsichtig von der Tarteform lösen. Tarte auf eine Servierplatte stürzen und sofort servieren.

ROBERTS »KÖLSCHE CURRYWURST« MIT BLATTGOLD

30 Minuten

FÜR 4 PERSONEN

1 rote Zwiebel
1 Peperoncino
4 Tomaten
4 EL neutrales Pflanzenöl
1 TL Currypulver
200 ml Orangensaft
4 EL Ketchup
Salz
schwarzer Pfeffer aus der Mühle
4 große Kalbsbratwürste
Blattgold, alternativ: Goldstaub

1. Für die Currysauce die Zwiebel schälen und fein würfeln. Die Peperoncino und die Tomaten waschen. Peperoncino entkernen und fein würfeln, die Tomaten vom Strunk befreien und vierteln.

2. 2 EL Öl in einer großen Pfanne mit hohem Rand erhitzen und die Zwiebel darin glasig anschwitzen. Peperoncini und Currypulver dazugeben, kurz mitbraten und mit dem Orangensaft ablöschen. Sauce etwas einkochen lassen.

3. Währenddessen die Tomaten in ein hohes Gefäß füllen und mit dem Stabmixer fein pürieren. Den Ketchup unterrühren und alles zur Sauce in die Pfanne geben. Noch ca. 5 weitere Minuten köcheln lassen, bis die gewünschte Konsistenz erreicht ist. Mit Salz und ggf. Pfeffer abschmecken.

4. Das restliche Öl in einer weiteren Pfanne erhitzen und die Bratwürste darin rundherum braun und knusprig braten. Anschließend aus der Pfanne nehmen, in grobe Stücke schneiden, auf Tellern anrichten und mit der Currysauce begießen. Blattgold vorsichtig mit einer Pinzette darauf verteilen oder die Currywurst mit etwas Goldstaub bestäuben und servieren.

TIPP

Wir machen unsere Würste gerne selbst. Falls ihr zu Hause einen Fleischwolf mit Wurstfülleraufsatz, einen Mörser und eine Küchenmaschine habt, müsst ihr unbedingt unser Rezept für Kalbsbratwurst mit Blattgold probieren: 500 g Kalbfleisch (Schulter/Hals), 400 g Schweinebauch und 100 g Schweinerückenspeck in fleischwolfgerechte Stücke schneiden. 1 g Pfefferkörner, 1 g Macis, 0,5 g Pimentkörner und 0,2 g Kardamomkapseln in einem Mörser fein zerkleinern, mit 20 g Salz und etwas Zitronenabrieb mischen und in das Fleisch massieren. Anschließend das Fleisch ca. 1 Stunde im Gefrierschrank anfrieren lassen. Angefrorenes Fleisch durch den Fleischwolf drehen (3-mm-Lochscheibe), ein paar Minuten durchkneten und in einer Küchenmaschine mit 150 ml sehr kalter Milch vorsichtig vermengen. Blattgold vorsichtig unterheben und mithilfe eines Wurstfülleraufsatzes das Brät in einen Schweinedarm (Kaliber 28/30) abfüllen. Würste nach gewünschter Größe abdrehen (1 x nach vorne, 1 x nach hinten) und in einem Topf mit siedendem Wasser, etwas Salz, 2 getrockneten Lorbeerblättern, 2–3 Gewürznelken und 1 Handvoll Zwiebelspalten 3–5 Minuten ziehen lassen. Anschließend abkühlen lassen und als Bratwurst verwenden.

DESSERTS UND SÜSSIGKEITEN

CARMENS ZABAIONE MIT ERDBEERCREME

30 Minuten

FÜR 4 PERSONEN

Für die Zabaione:
1 Bio-Zitrone
1 Bio-Orange
4 sehr frische Eigelbe (Größe M)
40 g Zucker
10 ml Weißwein

Für die Erdbeercreme:
1 kg Erdbeeren
2 Vanilleschoten
500 g Quark (40 % Fett)
2 Packungen Vanillezucker
100 g Sahne (30 % Fett)
1 EL Zucker (nach Belieben)

1. Die Zitrusfrüchte waschen, abtrocknen und die Schale abreiben.

2. Einen Topf mit Wasser zum Kochen bringen, dann die Temperatur auf niedrige Stufe reduzieren. Eigelbe und Zucker in eine auf den Topf passende Metallschüssel geben und mit dem Schneebesen langsam verrühren. Im Wasserbad schaumig aufschlagen und unter ständigem Rühren nach und nach den Weißwein dazugießen. (Achtung, das Wasserbad nicht kochen lassen!) Creme 3–4 Minuten weiterrühren, dann die Zitrusschalen unterheben und die Schüssel aus dem Wasserbad heben. Kurz weiterrühren und Creme in saubere Gläser oder Schälchen füllen.

3. Für die Creme Erdbeeren waschen, das Grün entfernen und die Früchte halbieren oder vierteln. ⅔ der Erdbeeren in eine Schüssel geben und mit dem Stabmixer fein pürieren.

4. Vanilleschoten der Länge nach halbieren und das Mark mit einem Messer herauskratzen. Quark, Vanillezucker, Vanillemark und Sahne mit dem Erdbeerpüree vermengen und cremig rühren, ggf. den Zucker hinzufügen. Die Erdbeercreme mit den restlichen Erdbeeren garnieren und servieren.

APFELKOMPOTT MIT SCHWIPS

30 Minuten

FÜR 4 PERSONEN

1 kg Äpfel
1 Vanilleschote
4 Packungen Vanillezucker
20 ml Marillenschnaps oder Amaretto
1 Prise gemahlener Zimt (nach Belieben)

1. Äpfel mit einem Sparschäler schälen, in Viertel schneiden und das Kerngehäuse entfernen. Vanilleschote der Länge nach halbieren und das Mark mit einem Messer herauskratzen.

2. Äpfel, Vanillezucker und 300 ml Wasser in einen Topf geben und zum Kochen bringen. Vanillemark und -schote dazugeben und alles bei mittlerer Hitze zugedeckt ca. 10 Minuten köcheln lassen.

3. Wenn nötig, einzelne größere Apfelstücke mit einer Gabel zerdrücken. Marillenschnaps oder Amaretto einrühren, noch mal kurz aufkochen lassen und die Vanilleschote entfernen. Bei Bedarf noch mehr Vanillezucker hinzufügen. Apfelkompott nach Belieben mit Zimt würzen und servieren.

ZITRONENSORBET

15 Minuten vorbereiten | 4 Stunden einfrieren

FÜR 4 PERSONEN

350 g Zucker
Saft von 5–7 Zitronen (ca. 200 ml)
1 Eiweiß (Größe M)

1. Zucker und 650 ml Wasser in einen Topf geben, verrühren und sprudelnd aufkochen. Topf vom Herd nehmen und Sirup etwas abkühlen lassen. Den Zitronensaft untermischen.

2. Eiweiß in eine Schüssel geben und mit dem Handrührgerät steif schlagen. Dann unter die abgekühlte Zitronen-Mischung heben. Masse in eine gefrierfeste Form (z. B. aus Aluminium oder Silikon) gießen, mit Frischhaltefolie abdecken und im Gefrierfach mindestens 4 Stunden einfrieren. Nach jeweils 30 Minuten die Masse vorsichtig umrühren, damit sich keine Eiskristalle bilden und das Eis cremig bleibt.

TIPP

Wer mag, kann das Eis mit Zitronenabrieb oder Limoncello verfeinern.

TIRAMISU

30 Minuten vorbereiten | 5 Stunden kühlen

FÜR 4 PERSONEN

2 Eier (Größe M)
1 Eigelb (Größe M)
130 g Zucker
500 g Mascarpone
300–400 ml starker Kaffee, abgekühlt
300 g Löffelbiskuits
20 g Backkakao

1. Für die Creme Eier, Eigelb und Zucker in einer Schüssel mit dem Schneebesen weiß schaumig aufschlagen. Mascarpone löffelweise unter die Masse rühren und mit einem Stabmixer auf niedriger Stufe einmal durchmixen.

2. Den Kaffee in eine Schüssel geben und die Biskuits nacheinander kurz hineintauchen, bis sie genug Flüssigkeit aufgesogen haben (ggf. auf etwas Küchenpapier abtropfen lassen).

3. Die Hälfte der Biskuits auf den Boden einer rechteckigen Form (30 × 20 × 6 cm) legen. Die Hälfte der Mascarponecreme darüberstreichen. Die restlichen Biskuits darauf verteilen und mit der restlichen Mascarponecreme abschließen. Tiramisu mit Frischhaltefolie abdecken und 5 Stunden kalt stellen.

4. Unmittelbar vor dem Servieren mit Kakao bestäuben.

TIPP

Zur Abwechslung könnt ihr mal 50 ml Kaffee durch 50 ml Likör oder Branntwein (z. B. Mandellikör, Cognac oder Rum) ersetzen.

MENÜS FÜR JEDE GELEGENHEIT

Egal, ob für Familie, Freunde oder besondere Gäste – hier findet ihr ein paar von uns persönlich zusammengestellte Menüs für jede Gelegenheit.

ITALIENISCHER ABEND MIT FREUNDEN

- Vorspeise oder Beilage: Gazpacho mit Zitroneneis
- Hauptgang: Spaghetti all'arrabbiata
- Dessert: Tiramisu

BRUNCHZEIT!

- American Breakfast
- Ginger Drink und Erdbeer-Milchshake
- Nudel- oder Reissalat
- Avocado Fries mit Aioli
- Tomaten-Käse-Fächerbrot

SOMMERPARTY

- Vorspeise oder Beilage: Mediterrane Snackplatte
- Hauptgang: Paella Valenciana
- Dessert: Joghurt-Pannacotta mit Karamellsauce

WINTERPARTY

- Vorspeise oder Beilage: Hasselback-Kartoffeln
- Hauptgang: Kalbsgulasch
- Dessert: Kaiserschmarrn mit Apfelkompott

DEKADENT SCHLEMMEN

- Vorspeise oder Beilage: Knoblauchsuppe
- Hauptgang: Spaghetti Lobster
- Dessert: Zabaione mit Erdbeer-Duo

KAISERSCHMARRN

15 Minuten

FÜR 4 PERSONEN

4 Eier (Größe M)
30 g Zucker
1 Packung Vanillezucker
1 Prise Salz
300 ml Milch (3,5 % Fett)
125 g Mehl
40 g Butter
2 EL Marillenschnaps
zum Flambieren
Puderzucker zum Bestäuben

1. Eier trennen und die Eigelbe mit dem Zucker, Vanillezucker und Salz in einer Schüssel mit einem Schneebesen weiß schaumig schlagen. Milch und Mehl dazugeben und klumpenfrei rühren.

2. Das Eiweiß in eine Schüssel geben, mit dem Handrührgerät steif schlagen und vorsichtig unter den Teig heben.

3. Butter in einer Pfanne erhitzen, Teig hineingießen und bei geringer Hitze ca. 2 Minuten backen. Teig wenden und 2 weitere Minuten backen, bis der Teig leicht gebräunt ist. Teig mit einem Pfannenwender in kleine Stücke zerpflücken.

4. Den Marillenschnaps kurz in einem Topf leicht erwärmen. Anschließend zum Kaiserschmarrn geben, anzünden und flambieren. Dann mit dem Puderzucker bestäuben und sofort heiß servieren.

TIPP

Dazu passt Zwetschgen- oder Apfelkompott (siehe Seite 135) oder unser Salted-Caramel-Eis (siehe Seite 146)!

CREMIGES SCHOKOLADENEIS

30 Minuten vorbereiten | 4 Stunden einfrieren

FÜR 4 PERSONEN

6 Eigelbe (Größe M)
2 sehr frische Eier (Größe M)
4 EL Zucker
240 g Zartbitterschokolade (70 % Kakaoanteil)
500 g Sahne (30 % Fett)
100 g Schokoraspel

1. Eigelbe, Eier und Zucker in einer Schüssel mit dem Schneebesen weiß schaumig schlagen.

2. Einen Topf mit Wasser zum Kochen bringen, dann die Temperatur auf niedrige Stufe reduzieren. Schokolade hacken, in eine auf den Topf passende Metallschüssel geben und im heißen Wasserbad schmelzen. Schüssel aus dem Wasserbad nehmen und Schokolade auf Zimmertemperatur abkühlen lassen.

3. Inzwischen die Sahne in eine weitere Schüssel geben und mit einem Handrührgerät steif schlagen.

4. Abgekühlte Schokolade unter die Eimasse rühren, Sahne und Schokoraspel vorsichtig unterheben. Anschließend Masse in eine gefrierfeste Form (z. B. aus Aluminium oder Silikon) gießen, mit Frischhaltefolie abdecken und im Gefrierfach mindestens 4 Stunden einfrieren. Nach jeweils 30 Minuten die Masse vorsichtig umrühren, damit sich keine Eiskristalle bilden und das Eis cremig bleibt.

5. Eis vor dem Servieren bei Zimmertemperatur ca. 15 Minuten antauen lassen.

SALTED-CARAMEL-EIS MIT MEERSALZ

20 Minuten vorbereiten | 5 Stunden einfrieren

FÜR 4 PERSONEN

1 Vanilleschote
250 g brauner Zucker
50 g Ahornsirup
50 g Butter
100 ml Milch (3,5 % Fett)
500 g Sahne (30 % Fett)
4 Eier (Größe M)
2 TL grobes Meersalz

1. Eine Metallschüssel in den Gefrierschrank zum Vorkühlen stellen.

2. Die Vanilleschote der Länge nach halbieren und das Mark mit einem Messer herauskratzen.

3. Einen Topf mit Wasser zum Kochen bringen, dann die Temperatur auf niedrige Stufe reduzieren. Vanillemark, Zucker, Ahornsirup, Butter, Milch und Sahne in eine auf den Topf passende Metallschüssel geben und mit dem Handrührgerät schaumig schlagen. Die Schüssel auf den Topf stellen und die Eier nacheinander unter ständigem Rühren dazugeben und cremig schlagen. Das Salz hineinrieseln lassen.

4. Eiermasse in die vorgekühlte Metallschüssel füllen, mit Frischhaltefolie abdecken und im Gefrierfach mindestens 5 Stunden einfrieren. Nach jeweils 30 Minuten die Masse vorsichtig umrühren, damit sich keine Eiskristalle bilden und das Eis cremig bleibt.

TIPP

Wer Lust hat, kann noch karamellisierte Walnüsse, Fudge oder Ähnliches unterheben.

CRÈME BRÛLÉE

45 Minuten vorbereiten | 55 Minuten garen

FÜR 4 PERSONEN

1 Vanilleschote
200 ml Milch (3,5 % Fett)
250 g Sahne (30 % Fett)
4 Eigelbe
70 g Zucker
60 g brauner Zucker

1. Vanilleschote der Länge nach halbieren und das Mark mit einem Messer herauskratzen. Vanilleschote und -mark mit der Milch in einen Topf geben und kurz aufkochen lassen. Topf vom Herd nehmen und Mischung abgedeckt ca. 5 Minuten ziehen lassen. Anschließend die Vanilleschote entfernen.
2. Backofen auf 150 °C Ober-/Unterhitze (Umluft 130 °C) vorheizen.
3. Sahne zu der Vanillemilch geben und unter ständigem Rühren erhitzen, aber nicht kochen. Eigelbe mit dem Zucker in eine Schüssel geben und mit dem Schneebesen schaumig schlagen. Dann die Sahne-Milch-Mischung unter Rühren dazugießen.
4. Masse auf 4 ofenfeste Förmchen (à 125 ml) verteilen und in eine mit 500 ml heißem Wasser gefüllte Auflaufform stellen. Die Förmchen sollten zu etwa ⅔ im Wasser stehen. Form in den Ofen geben und Creme in 40–50 Minuten stocken lassen.
5. Creme herausnehmen und mit dem braunen Zucker bestreuen. Die Grillfunktion am Ofen einstellen, die Förmchen auf ein Backblech stellen und auf oberster Schiene in den Ofen schieben, bis der Zucker karamellisiert.
6. Crème brûlée aus dem Ofen nehmen und sofort servieren.

TIPP

Wer einen Küchenbrenner hat, kann die Crème brûlée auch damit karamellisieren und spart sich den letzten Schritt im Ofen.

OBSTSALAT-SPIESSE

20 Minuten

FÜR 4 PERSONEN

100 g Heidelbeeren
120 g dunkle Weintrauben (ohne Kerne)
1 Handvoll Erdbeeren
2 Kiwis
3 Ringe Ananas (aus der Dose)
¼ Charentais-Melone
¼ Wassermelone

1. Heidelbeeren, Weintrauben und Erdbeeren waschen und in einem Sieb abtropfen lassen. Erdbeeren entstielen und nach Bedarf halbieren oder vierteln. Kiwis schälen, Ananas in einem Sieb abtropfen lassen und von den Melonen die Schale entfernen. Alles in mundgerechte Stücke schneiden.

2. Anschließend das Obst in der Reihenfolge Heidelbeere, Weintraube, Kiwi, Ananas, Charentais-Melone, Wassermelone und Erdbeere auf Schaschlikspieße stecken und servieren.

TIPP

Wer will, kann dazu Vanilleeis oder Schokosauce servieren. Die Obstspieße passen aber auch prima zu Crème brûlée (siehe Seite 149).

HEISSE SCHOKOBOMBE

15 Minuten

FÜR 4 PERSONEN

2 Vanilleschoten
400 g Zartbitterschokolade
80 g Zucker
1,2 l Milch (3,5 % Fett)
200 g Sahne (30 % Fett)
4 Kugeln Stracciatella-Eis
Karamellsauce
bunte Zuckerstreusel

1. Vanilleschoten der Länge nach aufschlitzen und das Mark mit einem Messer herauskratzen. Schokolade in grobe Stücke schneiden. Vanillemark und Zucker mit der Milch in einen Topf geben und aufkochen lassen. Die Temperatur etwas reduzieren, die Schokolade dazugeben und unter Rühren schmelzen.

2. Sahne in einer Schüssel mit einem Handrührgerät steif schlagen.

3. Heiße Schokolade auf 4 bauchige Gläser verteilen. Jeweils 1 Kugel Eis hineingeben und etwas Schlagsahne darauflöffeln. Anschließend mit Karamellsauce beträufeln und mit Streuseln garnieren. Sofort servieren.

JOGHURT-PANNACOTTA MIT KARAMELLSAUCE

70 Minuten vorbereiten | 5 Stunden kühlen

FÜR 4 PERSONEN

1 Vanilleschote
10 Blatt Gelatine
520 g Sahne (30 % Fett)
300 g Zucker
500 g Naturjoghurt
80 g Butter
½ TL Salzflocken

1. Die Vanilleschote der Länge nach aufschneiden und das Mark mit einem Messer herauskratzen. Die Gelatine nach Packungsanweisung in einer Schüssel mit kaltem Wasser einweichen.

2. 400 g Sahne, 100 g Zucker, Vanillemark und -schote in einen Topf geben und unter Rühren langsam aufkochen lassen. Vanillesahne ca. 5 Minuten bei geringer Hitze und unter ständigem Rühren köcheln lassen. Topf vom Herd nehmen und Sahne ca. 5 Minuten abkühlen lassen. Anschließend die Vanilleschote entfernen.

3. Gelatine aus dem Wasser heben, gut ausdrücken, zur Vanillesahne geben und mit einem Schneebesen verrühren, bis sie sich aufgelöst hat. Die Mischung ca. 15 Minuten abkühlen lassen.

4. Den Joghurt einrühren und Creme auf 4 Gläser verteilen. Anschließend mindestens 5 Stunden kalt stellen.

5. Währenddessen für die Karamellsauce den restlichen Zucker in einer Pfanne bei mittlerer Hitze schmelzen und goldgelb karamellisieren lassen. Butter zügig mit einem Schneebesen einrühren. Pfanne vom Herd nehmen und die restliche Sahne unter ständigem Rühren langsam einarbeiten. Salzflocken zugeben, alles zu einer cremigen Sauce verrühren und abkühlen lassen.

6. Joghurt-Pannacotta mit der Karamellsauce garnieren und servieren.

ZUTATENREGISTER

Q

R

S

T

V

W

Z

Bibliografische Information der Deutschen Nationalbibliothek
Die Deutsche Nationalbibliothek verzeichnet diese Publikation in der Deutschen Nationalbibliografie. Detaillierte bibliografische Daten sind im Internet über http://dnb.d-nb.de abrufbar.

Für Fragen und Anregungen
info@rivaverlag.de

Wichtiger Hinweis
Ausschließlich zum Zweck der besseren Lesbarkeit wurde auf eine genderspezifische Schreibweise sowie eine Mehrfachbezeichnung verzichtet. Alle personenbezogenen Bezeichnungen sind somit geschlechtsneutral zu verstehen.

Originalausgabe
1. Auflage 2022

Türkenstraße 89
80799 München
Tel.: 089 651285-0
Fax: 089 652096

Unter Mitarbeit von: Pauline Wunsch

Produktion: blizz communications GmbH
Redaktion: Caroline Kazianka
Umschlaggestaltung: Marc-Torben Fischer
Umschlagabbildungen: André Bugl (Vorderseite, Rückseite/Mitte), Stephanie Just (Rückseite/rechts und links)
Abbildungen Innenteil: S. 4/Mitte, 5/Mitte, 6/Mitte, 7/Mitte, 10, 11/12, 21, 30/31, 43, 45, 72/73, 89/91, 109, 130/131, 141, 156: André Bugl; S. 54/55: eakglory/Shutterstock.com; alle anderen Bilder: Stephanie Just
Satz: Satzwerk Huber, Germering
Druck: Firmengruppe APPL, aprinta Druck, Wemding
Printed in Germany

ISBN Print 978-3-7423-1990-6
ISBN E-Book (PDF) 978-3-7453-1728-2
ISBN E-Book (EPUB, Mobi) 978-3-7453-1729-9